FOCO NA CARREIRA!

COMO SE DESTACAR E SER BEM-SUCEDIDA

Fiona Elsa Dent e Viki Holton

FOCO NA CARREIRA!

COMO SE DESTACAR E SER BEM-SUCEDIDA

TRADUÇÃO
UBK Publishing House

ubook UBK
Publishing House

Publicado mediante acordo com Bloomsbury Publishing Plc. Edição original do livro, *How to Thrive and Survive as a Working Woman*, publicada por Bloomsbury Publishing Plc.

ubook ubk
Publishing House

COPIDESQUE	Rowena Esteves
REVISÃO	Pérola Gonçalves e Larissa Oliveira
CAPA E PROJETO GRÁFICO	Bruno Santos
IMAGEM DE CAPA	Rawpixel.com - shutterstock.com

Dados Internacionais de Catalogação na Publicação (CIP)
(Câmara Brasileira do Livro, SP, Brasil)

Dent, Fiona Elsa
Foco na carreira! : como se destacar e ser bem-sucedida / Fiona Elsa Dent, Viki Holton ; tradução
UBK Publishing House. -- Rio de Janeiro : Ubook Editora, 2019.

Título original: How to Thrive and Survive as a working woman.
ISBN 978-85-9556-190-8

1. Competitividade 2. Inteligência empresarial 3. Mulheres empresárias 4. Mulheres executivas 5. Sucesso nos negócios I. Holton, Viki. II. Título.

20-32444 CDD-650.1082

Ubook Editora S.A
Av. das Américas, 500, Bloco 12, Salas 303/304,
Barra da Tijuca, Rio de Janeiro/RJ.
Cep.: 22.640-100
Tel.: (21) 3570-8150

Agradecimentos

Muitas pessoas contribuíram para a escrita deste livro, entre elas as mulheres que tiveram tempo para nos contar suas histórias — as mais de 1.400 mulheres que preencheram nosso questionário e as que entrevistamos. A todas elas, nosso sincero obrigada.

Também agradecemos à Kate Cooper, do Institute of Leadership and Management e à Kate Kinninmont, do Women in Film and TV (www.wftv.org.uk), pelo apoio na circulação e promoção da nossa pesquisa em suas redes.

Gostaríamos também de agradecer aos nossos colegas de Ashridge, em especial, à Jan Rabbetts, Carol Long, Sharon West e Mike Dell.

Introdução

Nos últimos anos, trabalhamos em conjunto e treinamos diversas mulheres inseridas no mercado de trabalho, em setores, empregos e cargos diferentes. Ouvimos muitas histórias positivas sobre como as coisas melhoraram para as mulheres, e ainda muitas "primeiras vezes" em que uma mulher assumiu um papel que antes só era desempenhado por um homem. No entanto, também é claro que, por vezes, as mulheres não prosperam ou sobrevivem em seus empregos devido aos desafios e barreiras que continuam enfrentando. Ainda não existe igualdade em todas as organizações, e as oportunidades de carreira e desenvolvimento das mulheres não são tão boas quanto as de seus colegas homens. Este livro oferece um conjunto de ferramentas de coaching para ajudar a superar tais problemas — ele é focado no indivíduo e essencialmente é sobre "como" ser seu próprio coach de carreira!

Então, vamos dar uma olhada em algumas das boas notícias. Para as mulheres inseridas no mercado de trabalho do século XXI, as coisas nunca estiveram tão bem! Não há dúvida de que as oportunidades e as escolhas disponíveis para as mulheres nunca foram tão grandes. Hoje

(2015), há mulheres incríveis em todas as áreas de atuação — negócios, tecnologia, política, terceiro setor, esporte e mídia, para citar alguns. Alguns exemplos de cargos fundamentais exercidos pela primeira vez por uma mulher incluem:

- Diretora médica da Inglaterra — Prof.ª Dame Sally Davies.
- Diretora executiva da General Motors — Mary Barra.
- Diretora executiva do Crown Estate — Alison Nimmo.
- Bispa de Gloucester — Rachel Treweek.
- Chanceler alemã — Angela Merkel.
- Chefe de operações do Facebook — Sheryl Sandberg.
- Diretora executiva da EasyJet — Carolyn McCall.
- Diretora-gerente do Fundo Monetário Internacional (FMI) — Christine Lagarde.

No entanto, com base em pesquisas atuais sobre mulheres no mercado de trabalho, comentários na mídia e entendimento geral, também é verdade que essas mulheres, e outras como elas, continuam sendo um grupo pequeno e seleto. Também é verdade que muitas mulheres já estão no caminho certo, e nós acreditamos que mesmo elas poderiam tirar lições de algumas das ideias deste livro. Como podemos, então, ajudar mais mulheres a atingirem plenamente o seu potencial de carreira, a realizarem as suas ambições e a terem igualdade no local de trabalho? Acreditamos que ao ser mais estratégica e organizada sobre sua carreira você pode alcançar mais, realizar suas ambições e, em geral, ter uma vida profissional mais satisfatória. Queremos, no entanto, deixar claro desde o início que este livro não se trata apenas de chegar ao topo e romper barreiras; trata-se de VOCÊ alcançar seus objetivos e sonhos em qualquer área que escolher.

Oferecemos ideias, ferramentas e técnicas para ajudar as leitoras a refletir, revisar, avaliar e planejar o sucesso e a satisfação na vida profissional. Definimos carreira de sucesso nos termos mais amplos possíveis, o que para nós significa estar satisfeita, realizada e valorizada em qualquer que seja seu emprego ou área de atuação. Queremos que este livro seja útil para mulheres em todos os níveis de organização, em qualquer trabalho e em qualquer idade ou estágio de carreira.

Pensamos que a receita para uma vida profissional bem-sucedida e gratificante é encontrar um emprego que lhe agrade e que se adapte às suas necessidades específicas de acordo com a sua fase da vida. Para fazer isso, é benéfico compreender-se plenamente, como você tem percorrido o caminho até aqui e quais são os seus sonhos e ambições, para poder fazer as escolhas certas. Muitas mulheres não traçam estratégias ou planejam suas carreiras. Isso é um erro. É necessário um plano. Não algo rígido e inflexível, mas um plano que pode ser adaptado e flexibilizado à medida que você progride. O plano dá uma direção a ser seguida em vez de lhe deixar à deriva.

Quando escrevemos o nosso primeiro livro, *Women in Business: Navigating Career Success*, aprendemos com as mulheres que entrevistamos e pesquisamos que ainda há muito a ser feito para garantir uma verdadeira equidade no trabalho. Também reconhecemos que as mulheres têm talentos incríveis e enorme ambição, e às vezes são surpreendidas pelo próprio sucesso. Muitas das mulheres em nossa pesquisa anterior já estavam nos níveis médio e superior em suas carreiras, e falaram muito sobre o que poderiam ter feito de diferente, ou mais cedo, para alcançar esse sucesso.

Com base no feedback do livro anterior, e em vários eventos em que participamos desde a sua publicação, as mulheres nos apontaram que há necessidade de um livro prático e focado em estratégias, que forneça ideias, ferramentas e técnicas que ajudem a enfrentar os desafios e as dificuldades, além de planejar uma vida profissional de sucesso.

Uma das maiores lições que aprendemos com todos os eventos, workshops e com a nossa pesquisa atual é que, por vezes, as mulheres estão tão concentradas em fazer um bom trabalho e em mostrar que são capazes que raramente param para refletir e pensar na sua situação atual, nas suas conquistas e na forma como vão se desenvolver, progredir e avançar.

Este livro é o resultado dessas conversas, de nossa pesquisa e de nosso interesse contínuo em abordar a necessidade de ajudar as mulheres a alcançar seu verdadeiro potencial e assumir um papel igualitário na sociedade em todos os níveis. Ele é essencialmente sobre consciência e habilidades práticas, para ajudá-la a entender e perceber quem você é, o que conquistou e o que pode construir com isso.

E, para aquelas que estão satisfeitas em sua situação atual e local de trabalho, também pensamos que este livro será útil. Não se trata apenas de seguir sempre em frente — as ideias oferecidas a ajudarão a entender melhor seus próprios valores e sistemas de crenças para que, quando tiver que tomar decisões, você esteja mais consciente delas.

Nosso principal objetivo ao escrever este livro é fornecer ideias, ferramentas e sugestões práticas que ajudarão qualquer mulher no mercado a prosperar e sobreviver.

1
Auditoria de carreira

Acreditamos que uma abordagem mais bem estruturada e estratégica em relação à gestão de carreira pode contribuir ativamente para que as mulheres atinjam seu potencial e se tornem uma força ainda mais poderosa no mundo. Isso envolve ser mais tática, analítica, orgânica e sistemática ao gerir seu crescimento profissional.

Nossa pesquisa indicou que, para muitas mulheres, o processo de planejamento e gestão ativa de uma carreira profissional é um desafio. Muitas citam questões como:

- não tenho tempo;
- farei, mas não agora;
- não vale a pena fazer;
- tenho sorte de ter um emprego;
- tenho sorte de poder trabalhar meio período;
- tenho possibilidades limitadas devido à situação de carreira do meu parceiro;
- sou feliz onde estou;
- simplesmente não acredito em fazer planos.

Neste capítulo, vamos apresentar os processos de autoanálise e auditoria de carreira, incentivando-a a examinar e rever sua carreira ao levantar uma série de questões. Estas perguntas serão todas apoiadas por exercícios práticos, para ajudar na sua análise e para auxiliá-la na exploração de suas competências, pontos fortes e fracos, ambições e sonhos. As questões que contribuirão para a sua análise e auditoria estão ilustradas no modelo abaixo.

Para que qualquer pessoa possa prosperar e sobreviver no ambiente de negócios complexo e incerto de hoje, ter um bom conhecimento de si mesma e uma compreensão do que você quer de uma carreira são pré-requisitos. Isto irá ajudá-la a percorrer um caminho para alcançar suas ambições e a estar preparada e confiante o suficiente para criar e aproveitar as oportunidades que surgirem. A falta de segurança e autoconfiança são enormes desafios para as mulheres. Até mesmo Helen Mirren admitiu a falta de confiança em um artigo recente na revista *Woman and Home*: "Quem me dera ter dito à minha versão mais jovem para ser mais confiante". Na mesma linha de pensamento, a violinista clássica Nicola Benedetti disse: "Eu diria ao meu eu mais jovem para ler mais, estudar mais — e ser mais séria." Sabemos que uma das causas desta ausência de confiança é a falta de consciência dos atuais talentos, forças e capacidades, bem como o fato de não valorizar o que foi conquistado em sua vida e trabalho até o momento. Ao fazer uma revisão estruturada desses assuntos, as mulheres ficam frequentemente surpreendidas com o que descobrem sobre si próprias. Naturalmente, quanto mais cedo fizer isso melhor, mas fazê-lo em qualquer idade será, sem dúvida, benéfico para o seu futuro.

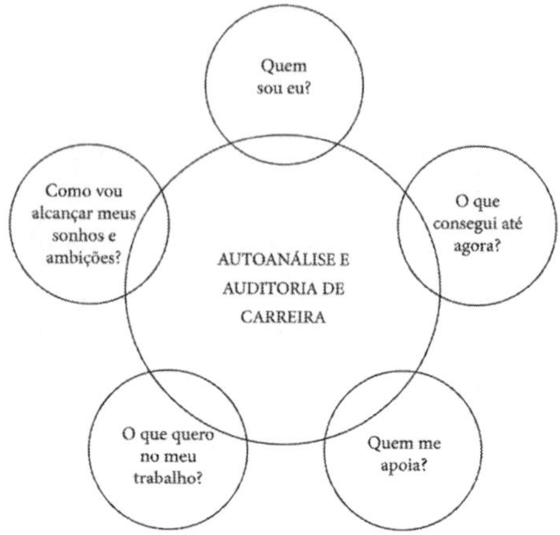

Questões de autoanálise e auditoria de carreira

Em um workshop que realizamos na escola de negócios Ashridge, encorajamos as participantes, que variavam em idade entre vinte e cinquenta anos, a adotar uma abordagem analítica para rever suas carreiras. Muitas ficaram agradavelmente surpresas com o conhecimento que adquiriram quando pensaram e falaram sobre si mesmas e sua vida profissional até o momento. Neste capítulo, vamos guiá-la por meio de um processo semelhante de análise, apresentando as cinco missões de autoanálise e auditoria de carreira mencionadas anteriormente. Vamos também sugerir uma série de avaliações práticas e exercícios que irão ajudá-la a aprender mais sobre si mesma e incentivá-la a pensar sobre o futuro de sua carreira de uma forma mais confiante e estratégica.

Antes de iniciarmos a auditoria de carreira, sugerimos que faça uma "auditoria de competências e qualidades". O objetivo é gerar esclarecimento e melhor compreensão dos seus pontos fortes, fracos e das necessidades de desenvolvimento em uma série de capacidades-chave. Essas competências e habilidades foram selecionadas para que você possa avaliar de forma abrangente quatro áreas principais:

- competências e habilidades pessoais;
- competências e habilidades de relacionamento;

- competências e habilidades estratégicas;
- competências e habilidades profissionais.

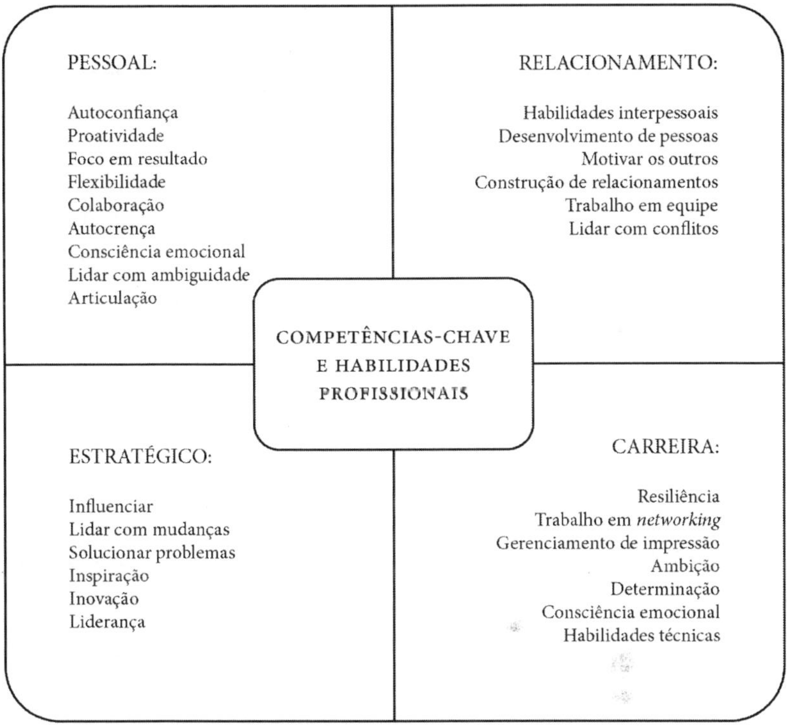

As habilidades e qualidades foram selecionadas com base no que ouvimos das mulheres ao pesquisar, treinar e ensinar, bem como em trabalhos de consultoria.

AUDITORIA DE COMPETÊNCIAS E HABILIDADES

Esta auditoria assume a forma de um inventário, no qual você pode examinar suas próprias competências e habilidades entre as 29 habilidades ou qualidades. Para cada uma delas, pedimos que avalie a si mesma em dois momentos: primeiro, o quão hábil você acredita ser, e segundo, qual a importância dessa habilidade ou qualidade para a sua carreira. Nem todas são relevantes ou necessárias para todo mundo. Sempre dependerá de sua escolha de carreira, situação, momento e personalidade.

As listas não são, de modo algum, imutáveis; pelo contrário, são uma seleção daquilo que encontramos em nossa pesquisa e daquilo que ouvimos as pessoas descreverem como competências e qualidades que contribuem para o sucesso na carreira. Examine a auditoria e avalie-se em cada uma das competências ou habilidades. A medida que estamos usando está em uma escala de um a cinco, em que um indica uma baixa habilidade ou baixo nível de importância e cinco indica alto nível de experiência e importância vital. Há também um espaço para fazer anotações pessoais que possam ajudar na sua análise. A tabela a seguir ajuda na auditoria de cada nível.

	Nível de habilidade	**Nível de importância**
1	Sem habilidade	Sem importância
2	Alguma habilidade	Alguma importância
3	Habilidade média	Importância média
4	Habilidade acima da média	Muito importante
5	Especialista	Importância vital

AUDITORIA DE COMPETÊNCIAS E HABILIDADES PROFISSIONAIS			
	Nível de habilidade (sua capacidade atual na área): pontue-se de 1 a 5	Nível de importância (relevância para sua carreira): pontue-se de 1 a 5	ANOTAÇÕES
HABILIDADES E QUALIDADES PESSOAIS			
• Autoconfiança • Proatividade • Foco em resultado • Flexibilidade • Colaboração • Autocrença • Consciência emocional • Lidar com ambiguidade • Articulação			

<table>
<tr><th colspan="4">HABILIDADES E QUALIDADES DE RELACIONAMENTO</th></tr>
<tr><td>• Habilidades interpessoais
• Desenvolvimento de pessoas
• Motivar os outros
• Construção de relacionamentos
• Trabalho em equipe
• Lidar com conflitos</td><td></td><td></td><td></td></tr>
<tr><th colspan="4">HABILIDADES E QUALIDADES ESTRATÉGICAS</th></tr>
<tr><td>• Influenciar
• Lidar com mudanças
• Solucionar problemas
• Inspiração
• Inovação
• Liderança</td><td></td><td></td><td></td></tr>
<tr><th colspan="4">HABILIDADES E QUALIDADES DE CARREIRA</th></tr>
<tr><td>• Resiliência
• Trabalho em networking
• Gerenciamento de impressão
• Ambição
• Determinação
• Consciência emocional</td><td></td><td></td><td></td></tr>
<tr><th colspan="4">SUAS IDEIAS</th></tr>
<tr><td></td><td></td><td></td><td></td></tr>
</table>

Use o espaço a seguir para fazer anotações sobre as principais ideias que surgiram desta auditoria.

NOTAS DE AUDITORIA DE COMPETÊNCIAS E HABILIDADES

Nota: depois de ter feito esta análise, você pode classificar as áreas de desenvolvimento, pois é sempre melhor focar em uma ou duas áreas em vez de adotar uma abordagem sem foco.

Agora que você tem uma ideia melhor de seu nível de capacidade em cada uma das competências e habilidades e identificou aquelas que deseja desenvolver, pode estruturar seu desenvolvimento mais adequadamente. Verá, também, que esta auditoria será útil mais tarde neste livro, quando for ler os capítulos quatro a oito.

Vamos agora passar para a auditoria de carreira, onde a encorajamos a rever a sua vida profissional e experiências até o momento.

Pergunta 1: quem sou eu?

A autoconsciência é vista como um dos principais atributos para gerenciar uma carreira de sucesso no mundo altamente competitivo e complexo de hoje.

Por que isso é tão importante? Todos os seres humanos são multifacetados e difíceis de entender, uma verdade que se aplica não só à compreensão dos outros, mas também à autocompreensão e à autoconsciência. Além disso, todos nós evoluímos com o tempo, e por isso somos seres em constante transformação, que têm a capacidade de se adaptar e se ajustar às várias situações em que nos encontramos.

A fim de otimizar as escolhas disponíveis no desenvolvimento e gestão de suas opções de carreira, acreditamos que vale a pena fazer um balanço e reservar algum tempo para explorar e analisar a si mesma em profundidade. Ao conversarmos com outras mulheres sobre desenvolver a autoconsciência, uma das analogias que usamos frequentemente é a da cebola. Uma cebola é composta por camadas, como cada uma de vocês, que têm muitos aspectos diferentes em sua personalidade. Seu comportamento é a manifestação externa de sua personalidade, mas sob esta camada há muitas influências adicionais sobre a maneira como você se comporta e se relaciona com o mundo e as pessoas que nele vivem. Normalmente, as influências que a afetam incluem sua personalidade básica, seus valores e crenças, seus pontos fortes e fracos, suas experiências de vida, suas motivações, seus pensamentos e atitudes, e muito disso se desenvolve ao longo da sua vida.

Ter uma boa autoconsciência lhe dá mais controle sobre as decisões tomadas em sua vida e carreira. Muitas das suas decisões são baseadas em como você interpreta a situação. Geralmente, elas são influenciadas por suas experiências atuais, respostas emocionais, pensamentos e compreensão. Aumentar sua autoconsciência a ajudará a entender como seus pensamentos, emoções e experiências estão direcionando suas reações e a ter mais controle sobre suas decisões. Por exemplo, várias pessoas em nossa pesquisa afirmaram ter se oferecido para fazer parte de grupos de trabalho, participado de projetos de equipe ou simplesmente assumido trabalho extra porque se sentiam pressionadas por outros a fazê-lo, em vez de pensarem em como estas atividades poderiam beneficiar a elas mesmas.

A única pessoa que pode responder à pergunta "Quem sou eu?" é você; ninguém pode dizer quem você é, o que você quer, como deve pensar ou o que deve fazer ou acreditar. Você deve fazer isso por si mesma. O que temos a seguir é uma série de reflexões e exercícios práticos que a ajudarão a iniciar este processo de autodescoberta e autoconsciência.

CURRÍCULO PESSOAL

Uma das técnicas que utilizamos na condução de programas de liderança e desenvolvimento pessoal e durante o coaching é o preenchimento de um currículo pessoal. A ideia aqui é ir mais fundo do que no habitual que preparamos para uma vaga de emprego. Neste caso, pedimos que pense na sua vida até agora e reflita sobre quem você é. Apresentamos este exercício em uma tabela com campos para fazer anotações. No entanto, algumas pessoas podem achar que não há espaço suficiente. Talvez seja necessário recriar este questionário para que se possa fazer anotações detalhadas — seja em um diário de aprendizagem ou então reproduzindo um documento similar em seu computador.

MEU CURRÍCULO PESSOAL	
Data de realização:	
Detalhes pessoais	
Idade:	Data de nascimento:
Endereço:	
Pessoas importantes na minha vida:	
Três palavras para me descrever:	
Três palavras que a minha família ou amigos usariam para me descrever:	
Meus principais passatempos e interesses fora do trabalho são:	

Conquistas de que me orgulho:

Como descreveria o balanço atual da minha vida profissional:

Histórico profissional e empregatício

Meu cargo atual e empresa:

Tempo no cargo: Tempo na empresa atual:

Descreva como você se sente em relação ao seu trabalho atual — o que gosta, o que não gosta, desafios e frustrações:

Três palavras que o meu chefe usaria para me descrever:

Três palavras que os meus colegas usariam para me descrever:

Três palavras que a minha equipe usaria para me descrever:

Cargo anterior e empresa:

Tempo no cargo:

Descreva como se sentia nesse cargo:

Razões para mudar de cargo:

Liste todos os seus cargos anteriores, indicando tempo de ocupação, o que mais gostava e as razões para mudança:

Qualificações e educação (incluindo qualificações formais e cursos de curto período)

Funções fora do trabalho (como trabalho na comunidade local ou voluntariado)

Sonhos e ambições (descreva seu trabalho dos sonhos e pense sobre o que seria ideal em um emprego)

Finalmente — quais são minhas expectativas reais para os próximos dezoito meses/ três anos/ cinco anos?

Essa reflexão e análise iniciais podem ajudá-la com alguns dos outros exercícios.

AVALIAÇÃO DE VALORES PESSOAIS

A maneira como nos comportamos, juntamente com nossos valores pessoais, conduz muitas das decisões que tomamos na vida. Nossos valores são os indicadores que utilizamos para nos ajudar a avaliar a nossa felicidade em relação à forma como vivemos. Fazer um esforço consciente para identificar o seu conjunto de valores trará lucros no futuro quando se trata de planejamento de carreira e tomada de decisão. Por exemplo, entender os valores que a impulsionam pode ajudá-la a compreender por quê:

- certos aspectos de suas atribuições a fazem feliz ou infeliz;
- algumas empresas a atraem e outras não;
- alguns trabalhos são mais atraentes do que outros;
- algumas das decisões que você toma no trabalho a deixam infeliz.

Desenvolvemos nossos valores, crenças e atitudes ao longo da vida, com base em experiências que passamos com nossa família, trabalho, amigos e com vivências em geral. Nossos valores são aquilo que temos em alta consideração e que usamos como medida para avaliar nossas vidas. Muitas mulheres nos relatam que comprometer seus valores no trabalho causa ansiedade, estresse, frustração e, por vezes, até raiva. Por exemplo, ouvimos muitas histórias de bullying institucionalizado, em que muitas das nossas entrevistadas reconheceram o que estava acontecendo, mas não conseguiram intervir, e isso as fez sentir que seus valores estavam constantemente sendo comprometidos.

"Os meus valores foram extremamente questionados quando vivi um episódio de bullying e, apesar de eu ser uma diretora na empresa, tive pouco impacto sobre o que estava acontecendo. Lidei com isso saindo da companhia."

"Como gerente de RH, considero meus valores contestados diversas vezes quando funcionários mais antigos selecionam um candidato masculino em detrimento de uma mulher igualmente competente e qualificada, porque temem que suas responsabilidades familiares possam atrapalhá-la."

"No início da minha carreira, deixei uma organização bem conhecida quando passaram a me pedir para comunicar informativos de relações públicas que desviavam de problemas fundamentais."

Identificar e dar importância aos seus valores e como eles afetam suas decisões e a vida em geral irá ajudá-la a compreender melhor quem é você e como esses valores transmitem as escolhas que faz na vida.

AVALIAÇÃO DE VALORES PESSOAIS
Parte 1: Da lista abaixo, selecione os valores que são mais importantes para você (use uma caneta iluminadora), para fazer isso você pode se perguntar algumas questões: • O que deve existir para que eu me sinta completa e feliz? • Que valores devo honrar e nunca abrir mão?
A respostas dessas perguntas podem ajudá-la a fazer sua seleção. Normalmente, a maioria de nós se concentra em oito a dez valores que são essenciais para nossa vida. O objetivo é selecionar os valores que são vitais e fundamentais para sua vida.

Aceitação Amizade Amor Aprendizagem Autenticidade Autocontrole Autonomia Autoridade Aventuras Balanço Boa vontade Bondade Caridade Compaixão Competência	Empatia Estabilidade Estrutura Excelência Família Fazer a diferença Fidelidade Filantropia Generosidade Harmonia Honra Humildade Igualdade Independência	Prazer Privacidade Produtividade Prosperidade Qualidade Racionalidade Reconhecimento Reputação Responsabilidade Responsabilidade ambiental e sustentável Riqueza Segurança	Serviço Serviço público Solicitude Status Tato Tolerância Tolerância Trabalho Trabalho em equipe Tradição Tranquilidade Unicidade Valores éticos
Comunidade Confiabilidade Confiabilidade Conforto Conhecimento Conquistas Controle Cooperação Coragem Cuidado Positividade Cortesia Criatividade	Individualismo Influência Inovação Integridade Inteligência Justiça Justiça Lealdade Liberdade Curiosidade Diversão Eficiência Pontualidade	Variedade Originalidade Otimismo Paciência Paixão Perdão Perfeição Pertencimento Poder Dedicação Dever Devoção Disciplina	Adicione os seus valores:

Parte 2: Agora classifique os valores selecionados em ordem de importância, sendo o primeiro o mais importante. Indique essa classificação no quadro.
Parte 3: Descreva o motivo dos valores classificados serem importantes. 1 2 3 4 5 6 7 8 9 10
Parte 4: Escreva exemplos de quando você viveu e demonstrou esses valores e quais foram as consequências dessa atitude.

Parte 5: Escreva exemplos de quando teve que abrir mão dos seus valores e quais foram as consequências dessa atitude.
Parte 6: Reflita sobre suas anotações em resposta a este exercício e anote quaisquer ideias e aprendizados que tenham surgido.
Parte 7: Finalmente, pensando nos seus valores e nos conhecimentos adquiridos, como avaliaria o seu emprego atual?

ANÁLISE DE PERSONALIDADE

Você já deve ter preenchido um ou, possivelmente, muitos dos questionários de personalidade que estão disponíveis hoje em dia. Alguns dos mais populares são:

- Myers Briggs Type Indicator (MBTI).
- Fundamental Interpersonal Relations Orientation — Behaviour (FIRO-B).
- Strength Deployment Inventory (SDI).
- Occupational Personality Questionnaire (OPQ).
- Cattell's Sixteen personality factors (16PF).
- Inventário Hogan de personalidade.

Normalmente, eles são preenchidos como parte de um programa de recrutamento ou desenvolvimento. Se você tiver completado qualquer um deles, deve ter recebido um relatório completo e um feedback sobre o seu propósito. Todos lhe fornecem uma complexa fonte de dados e informações sobre si mesma. Portanto, guarde todos os dados e feedbacks gerados para referência futura.

Se, no entanto, você nunca tiver preenchido um questionário de personalidade, sugerimos que preencha o Myers Briggs Type Indicator (MBTI), Strengths Deployment Inventory (SDI) ou Occupational Personality Questionnaire (OPQ), todos muito úteis. Use o espaço a seguir para fazer anotações sobre o que você aprendeu a respeito de si mesma a partir de qualquer um desses questionários.

NOTAS DE QUESTIONÁRIO DE PERSONALIDADE Anote o nome do questionário e as principais percepções e aprendizados obtidos.

AVALIAÇÃO DE FELICIDADE

Avaliar os níveis de felicidade geral em diferentes situações também pode indicar algo sobre quem somos e o que gostamos na vida. A felicidade é uma noção muito vaga, mas é uma necessidade humana fundamental e uma ideia que os cientistas sociais e neurocientistas, atualmente, passaram a encarar com seriedade como algo que contribui para o nosso sucesso e bem-estar. Eles acreditam que as pessoas felizes vivem mais tempo, têm melhor desempenho e possuem maior resiliência.

Pensando de maneira geral sobre sua vida, como você avaliaria seu nível de felicidade hoje?

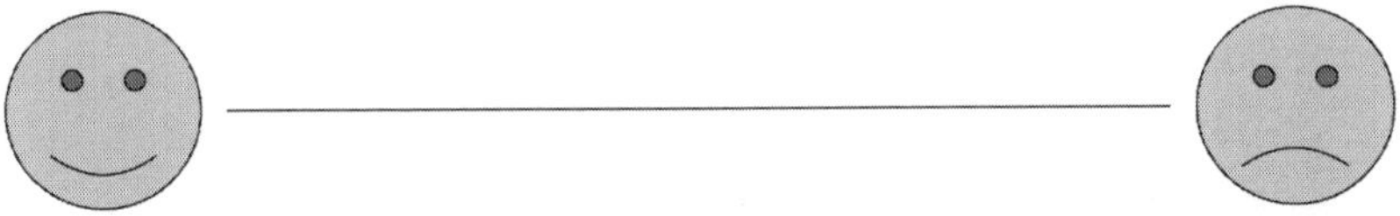

Então, no contexto deste livro, em que procuramos ajudá-la a aproveitar ao máximo a sua vida profissional, acreditamos que abordar questões sobre a felicidade em relação ao seu emprego, empresa e indústria contribuirá para que você compreenda melhor a si mesma e suas necessidades.

Usando a tabela a seguir, avalie seu nível de felicidade em relação a cada uma das questões apresentadas. Para fins desta análise, estamos definindo felicidade como os níveis de positividade, alegria e prazer que você recebe das diferentes áreas avaliadas. Ter uma compreensão das áreas da sua vida profissional que contribuem para os seus sentimentos de bem-estar é muito bom. Usar suas respostas junto com alguns dos outros exercícios deste capítulo ajudará você na tomada de decisões sobre próximas direções a seguir e planos futuros.

MINHA AVALIAÇÃO DE FELICIDADE	
Situação	**Nível de felicidade**
Cargo atual	Muito feliz Muito infeliz
Cargo anterior	
Empresa atual	
Empresa anterior	

Área atual	______________________
Área anterior	______________________
Resuma as ideias que você obteve com esse pequeno questionário.	

Pergunta 2: O que consegui até agora?

Muitas de nós esquecemos as conquistas, habilidades e competências que foram desenvolvidas e demonstradas no passado. Olhar para trás em nossas vidas para rever realizações nos ajuda a reconhecer habilidades antigas que estão adormecidas ou sendo subutilizadas por alguma razão. É muito fácil, com o passar do tempo, ignorar as coisas que a ajudaram a chegar onde está hoje. Refletir sobre conquistas passadas pode ser energizante e gratificante, pois lembra o quão longe você chegou. Isso também pode destacar habilidades e competências que não valorizamos, mas que, uma vez acionadas, podem se reintegrar ao nosso repertório para serem usadas em novos contextos, muitas vezes com um resultado positivo.

Um dos exercícios que usamos com os grupos é chamado de "feedback apreciativo". Este exercício é uma ótima maneira de aprender sobre si mesma e como outras pessoas veem suas conquistas. A ideia é que, como um grupo que trabalha junto em uma base regular, vocês se habituem a oferecer um feedback positivo umas às outras sobre o que apreciam no trabalho coletivo. Isso não só ajuda a entender suas conquistas, mas também ajudará a aumentar a autoconfiança.

Nesta seção, utilizamos uma série de exercícios para encorajar as leitoras a refletirem e analisarem os resultados obtidos até o momento.

A LINHA DO TEMPO DA MINHA VIDA

Um bom ponto de partida para analisar as suas conquistas é traçar uma linha do tempo e anotá-la com experiências e realizações significativas à medida que as recorda. Há muitas maneiras de se fazer isso, não importa o método usado, destaque as memórias felizes e infelizes e, em seguida, use o que foi anotado para avaliar cada uma das experiências e com isso identificar aprendizagens e conquistas.

Aqui está um exemplo de uma linha do tempo:

Exemplo de linha do tempo da vida

Memórias felizes	Idade	Memórias infelizes
Fui escolhida para interpretar um papel importante na escola	7	
	9	Mudei de escola e fiquei longe dos amigos
Fui aprovada na prova e passei de ano		
	11	Senti-me sobrecarregada no início
Comecei o treinamento de professoras na universidade	17	Fiquei doente por vários meses nesse ano
	18	Saí da universidade
Mudança para Londres para começar um trabalho	19	Me senti sozinha inicialmente
Casamento e mudança para Hampshire		Demorei para achar um trabalho integral
Fui efetivada no trabalho	21	

Memórias felizes	Idade	Memórias infelizes
Comecei a estudar em uma escola de negócios e meio período		
Passei a trabalhar com treinamento	23	
Comecei a estudar desenvolvimento pessoal		
Mestrado em pesquisa social	24	Dificuldade para chegar a ser gerente nível 1 depois de graduada
Engravidei		
Nascimento de filha e licença-maternidade	26	
	28	Voltei ao trabalho e perdi a expectativa de promoção
Mudança de casa e novo emprego		
	29	
	30	Novo trabalho mostrou-se não ser como prometido então comecei a procurar outro emprego
	31	
Promovida para gerente de treinamento e desenvolvimento	32	
	33	

LINHA DE TEMPO DA MINHA VIDA

Memórias felizes	Idade	Memórias infelizes

Memórias felizes	Idade	Memórias infelizes

Após criar a linha do tempo com os principais eventos da sua vida, analise-a para destacar os aprendizados e as conquistas.

Use as seguintes perguntas como pontos de partida:

- O que aprendi com as minhas memórias felizes?
- O que aprendi com as minhas memórias infelizes?
- O que conquistei ao passar por essas experiências?
- Que ideias isso traz sobre:
    - suas habilidades;
    - sua resiliência;
    - seus valores;
    - o que é importante para você;
    - o que você gosta;
    - o que você não gosta;
    - quão bem você lida com a adversidade.

MELHORES MOMENTOS

A ideia de "melhores momentos" é retirada do mundo dos esportes, onde os atletas são encorajados a falar sobre o seu "melhor desempenho pessoal". Eles refletem sobre o que sentiram, como se prepararam para isso, quem os ajudou, o que aprenderam com a experiência e como podem incorporar esse aprendizado em todas as suas práticas.

Adaptamos este exercício e frequentemente o usamos em workshops ou em coaching. O objetivo é fazer com que as pessoas pensem em "melhores momentos" ou "acontecimentos-chave": coisas que conseguiram realizar em suas vidas e que lhes dão orgulho. Ao identificar essas conquistas, reviva os momentos em que você se sentiu particularmente realizada e recompensada, isso ajuda a construir autoconfiança. Ao analisar como agiu, você perceberá habilidades, capacidades ou talentos que podem estar sendo subutilizados ou, até mesmo, terem sido esquecidos.

Gostamos de encorajar as pessoas a pensar em "melhores momentos" em diferentes áreas das suas vidas. Por exemplo:

- melhor momento do trabalho;
- melhor momento da escola;
- melhor momento de lazer;
- melhor momento da família.

Aqui estão alguns exemplos de "melhores momentos" da nossa pesquisa:

Uma das nossas entrevistadas teve a oportunidade de dirigir uma série de projetos de financiamento comunitário envolvendo quinze mulheres em cargos de liderança, todas de países diferentes. "Fizemos um excelente trabalho e estou muito orgulhosa das nossas conquistas e do fato de estarmos ajudando a mudar a vida das mulheres." Ela diz ter sido um momento memorável, e foi apenas ao refletir que percebeu o quanto tinha aprendido, a relevância do projeto na construção de sua reputação e o quanto ele foi importante para o sucesso de sua carreira.

Algumas das mulheres que participaram dos nossos workshops identificaram o que chamaram de "um desafio pessoal" como sendo o melhor momento: por exemplo, correr uma maratona, uma apresentação de dança, escalar o Kilimanjaro ou andar de bicicleta pelo deserto, muitas vezes para arrecadar dinheiro para uma instituição de caridade. A maioria dessas mulheres relatou como no início dessas iniciativas elas não perceberam o quanto isso iria beneficiá-las — principalmente o impulso para a autoconfiança e determinação.

Use a tabela a seguir para fazer breves anotações sobre seus "melhores momentos" e como o aprendizado extraído deste exercício poderá ser usado em sua vida hoje e no futuro. Você pode não ser capaz de pensar em "melhores momentos" em todas as quatro áreas, então concentre-se na(s) área(s) em que pode facilmente pensar em um exemplo.

MEUS MELHORES MOMENTOS
Sobre cada melhor momento: • Faça breves anotações sobre o evento, situação ou conquista. • Pense em como se sentiu no momento e agora — escreva sobre isso. • Reflita sobre quem a ajudou e como você se preparou para isso. • Que habilidades ou competências você usou ou desenvolveu durante o processo de chegar ao melhor momento? • O que você aprendeu sobre si mesma, seus pontos fortes, habilidades e necessidades de desenvolvimento na época e agora? • Como você pode usar esse aprendizado agora e no futuro?
Meu melhor momento em...

O "melhor momento" é um bom exercício para fazer com outras pessoas — ao conversar com alguém que confie, de modo geral, você verá que é possível explorar com mais intensidade e tirar mais ensinamentos dessa(s) experiência(s).

Recordar suas conquistas e dedicar tempo para celebrar seus sucessos pode ser surpreendentemente construtivo e gratificante. Não só irá lembrá-la de realizações anteriores, mas também poderá ajudá-la a concentrar-se no positivo e a desenvolver segurança e autoconfiança.

Pergunta 3: quem me apoia?

Uma auditoria de carreira não estaria completa sem examinar as pessoas em sua vida que a ajudaram a chegar onde você está hoje. Reconhecer quem são essas pessoas, o papel que desempenharam e como a ajudaram contribuirá para sua autocompreensão e auxiliará a planejar o caminho futuro.

Consideramos que o seguinte processo é um bom ponto de partida para analisar e identificar as pessoas que você acredita que a apoiaram ao longo de sua vida e carreira. Chamamos de "mapeamento de *networking*" e, neste caso, como estamos nos concentrando nas pessoas que a apoiaram ao longo de sua carreira, chamaremos de "Meu *networking* de apoio à carreira".

Criar um mapa de *networking* é uma experiência muito simples e iluminadora. Tudo o que irá precisar é de uma folha de papel em branco e uma caneta. Naturalmente, na nossa era digital, muitos vão querer usar a tecnologia para criar o mapa, então duas maneiras fáceis de começar, usando tanto um computador ou um tablet, são:

- Em um computador, usando o Word, abra um novo documento, selecione SmartArt e use um dos modelos — veja exemplo a seguir.
- Em um tablet, baixe o aplicativo SimpleMind +, que é gratuito, embora haja uma versão sofisticada que pode ser comprada. Acreditamos que a gratuita é suficiente para os nossos propósitos.

O processo é bastante simples — crie uma imagem que liste todas as pessoas que a ajudaram em sua carreira até o momento. Achamos que é mais fácil começar com categorias de pessoas e depois adicionar os seus nomes — o que torna a análise posterior muito mais fácil.

MEU NETWORKING DE APOIO À CARREIRA

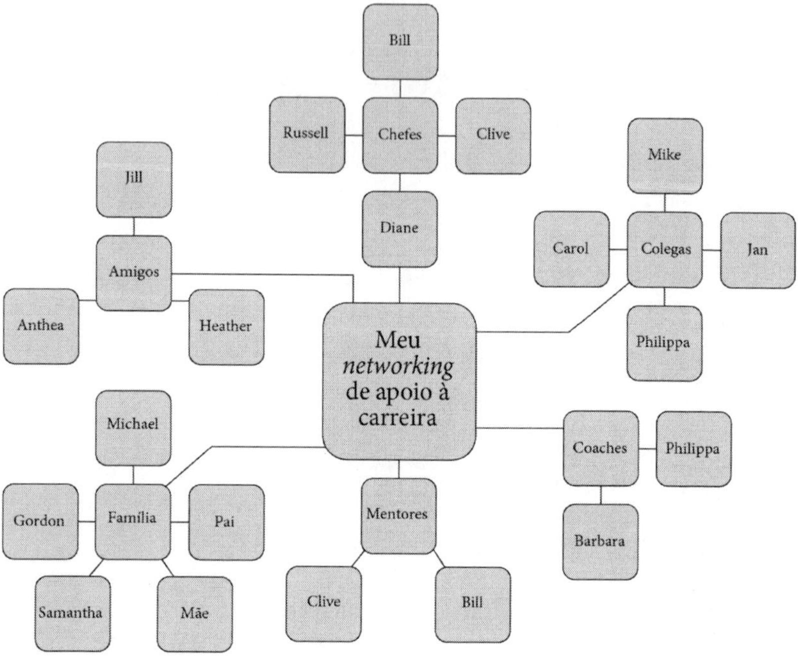

Após criar o mapa de *networking* de carreiras, você pode começar a pensar sobre o papel que essas pessoas desempenharam na sua vida até agora e como a apoiaram. Há muitas formas de prestar apoio, incluindo:

- sendo um bom ouvinte;
- oferecendo conselho;
- prestando apoio ao seu desenvolvimento;
- fazendo questionamentos instigantes;
- fornecendo feedback sobre o comportamento e o desempenho;
- apoiando suas decisões;
- apenas estando do seu lado;
- dando apoio a você dentro da empresa;
- agindo como treinador ou mentor.

E, sem dúvida, de muitas outras formas. Por exemplo, uma entrevistada disse sobre redes de apoio:

"Sempre hesitei em pedir conselhos de carreira às pessoas à minha volta, mas quando estava conversando com o meu patrão e o seu chefe, percebi que eles estavam me aconselhando a me candidatar para uma promoção."

Outra questão interessante é perguntar a si mesma quais dessas pessoas têm sido mais úteis ao ajudá-la a percorrer sua carreira até o momento e se elas são as pessoas certas para continuar lhe apoiando. Caso sejam, então planeje como continuar a trabalhar com elas e como você pode se beneficiar para obter ainda mais apoio. Se elas não são as pessoas certas, você deve pensar em quem mais precisa adicionar à sua rede de contatos e como fazer isso. Talvez seja bom refletir sobre o equilíbrio de quem a apoia. Por exemplo, há apoiadores o suficiente no seu trabalho? Como você classificaria seu chefe atual — como um apoiador ou não? Ter um chefe que lhe dê apoio é muito útil.

Utilize o espaço a seguir para desenhar o seu mapa de rede de contatos, em seguida, faça anotações sobre o que este exercício lhe diz.

MEU MAPA DE *NETWORKING* DE APOIO À CARREIRA

MEU
NETWORKING
DE APOIO À
CARREIRA

Notas sobre a análise do meu mapa

FEEDBACK DE OUTROS

Em vários momentos de nossas vidas, recebemos feedback de outras pessoas. O feedback vem de muitas formas, formais e informais. O formal faz parte de processos organizacionais, tais como:

- avaliações de desempenho;
- entrevistas de emprego;
- programas de desenvolvimento;
- centros de avaliação.

Este feedback é muitas vezes estilizado e altamente estruturado, mas útil mesmo assim. É claro que dependerá muito de quem está lhe dando o retorno, mas sempre vale a pena refletir sobre o feedback recebido durante tais experiências. Talvez você possa analisar os padrões que surgiram ao longo do tempo.

O feedback informal é aquele que você recebe diariamente do seu chefe, colegas, amigos, familiares e outros no seu trabalho e círculos sociais. Muitas vezes passa despercebido e pode ser tão simples como um comentário do tipo "Você é realmente um bom ouvinte" ou "Eu gosto muito da maneira como você lidou com esse desafio na reunião". É importante prestar atenção a este tipo de feedback, bem como ao mais formal, recebido como parte do trabalho. O feedback informal pode ser ainda mais perspicaz do que o formal, pois geralmente é dado no momento em que você se saiu bem. Naturalmente, o feedback pode ser tanto positivo como negativo, portanto, dê atenção ao feedback crítico ou menos positivo também. Por exemplo, se as pessoas continuam a dizer algo como "Por favor, pode me deixar concluir?", pode ser que o feedback indique um hábito ruim de interromper as pessoas. A conscientização é a chave nesse momento, então tenha suas antenas constantemente sintonizadas para ouvir o feedback. Ao receber um de outras pessoas, também vale a pena pedir a elas que a ajudem a pensar sobre o que você pode fazer de diferente.

A maioria das pessoas não pede feedback. Nós achamos que pedir efetivamente por um retorno é incrivelmente útil, especialmente se você enquadrar o feedback em torno de uma questão ou comportamento específico, por exemplo: pedir a um colega de confiança que comente suas habilidades de escuta no final de uma reunião que você presidiu. Uma forma de aumentar a sua confiança e autoconsciência é habituar-se a pedir feedbacks específicos de maneira regular. Você também pode aproveitar as oportunidades para oferecer feedback aos outros quando eles tiverem um bom desempenho.

Existem vários benefícios em tornar isso parte da sua ética de trabalho:

- começa a criar uma cultura de feedback no seu ambiente de trabalho;
- constrói relações de confiança de qualidade;
- desenvolve a confiança e a eficácia;
- desenvolve novas competências;
- aumenta a sua autoconsciência;
- demonstra acuidade emocional.

O ponto interessante sobre o feedback é que ele é um indicador valioso do seu comportamento e do que funciona e do que não funciona para os outros. Às vezes, obtemos ideias a partir do ponto de vista das outras pessoas sobre coisas das quais nós mesmas não estamos cientes.

Pergunta 4: o que procuro no meu trabalho?

Então, o você que procura no seu trabalho? Quando perguntamos isto às pessoas, muitas vezes ficamos surpresas, pois poucas são capazes de articular claramente o que procuram. No entanto, é importante acrescentar que qualquer resposta dada a essa pergunta deve ser fundamentada no que é possível.

As respostas que ouvimos com frequência são:

- Gostaria de trabalhar com pessoas.
- Quero ser gerente.
- Quero trabalhar para uma organização conhecida.
- Quero ajudar os outros.
- Quero fazer algo em que eu seja boa.
- Quero trabalhar em um lugar com boas expectativas de promoção.
- Quero fazer um trabalho que me satisfaça.
- Quero algo com oportunidades de viagem.
- Quero trabalhar em... (marketing, relações públicas, viagens, etc).

É muito mais eficaz se você for como Carina, uma especialista em TI, que, quando perguntada durante uma sessão de coaching de carreira, foi capaz de expressar o seguinte como suas exigências de trabalho:

"Gosto de fazer parte de uma equipe que está criando algo de novo no campo da tecnologia. Acho que meu futuro está em uma empresa pequena ou em uma startup, onde terei a oportunidade de usar minhas habilidades e não ser prejudicada pela hierarquia e burocracia. A localização não é um problema para mim, na verdade estou disposta a me mudar para encontrar o emprego certo. Em relação à proposta salarial, quero sentir que estou sendo devidamente recompensada de acordo com o que estou fazendo, mas pelo emprego certo, isso não seria um empecilho. Para mim, o empecilho seria se a empresa não tivesse integridade moral."

É importante ressaltar que esta informação surgiu no nosso terceiro encontro, depois de termos passado algum tempo trabalhando em como estava sua carreira até o momento e encorajando-a a fazer algumas das reflexões que sugerimos neste capítulo. Como ela foi capaz de expressar suas exigências de forma tão clara, fomos então capazes de avançar para um plano de ação prático para o futuro.

Para aquelas que não veem seus ideais tão claramente quanto Carina, aqui estão alguns exercícios que podem ajudá-las a desenvolver uma maior clareza. Vamos começar com uma avaliação do ambiente de trabalho, na qual lhe pediremos que indique as suas preferências em uma lista de diferentes cenários. Olhe para a lista de situações a seguir e marque os cenários de trabalho que lhe agradam.

AVALIAÇÃO DE AMBIENTE DE TRABALHO

AVALIAÇÃO DO AMBIENTE DE TRABALHO **Marque os ambientes que lhe agradam**					
Setor público		Setor privado		Terceiro setor	
Empresa multinacional		Empresa local		Empresa nacional	
Startup		Setor bem estabelecido		Marca de reconhecimento	
				Diretoria	
Parte de um time		Líder de equipe		Gerência	
Especialidade		Generalista		Foco em pessoas	
Segurança		Independência		"Foco em resolução de problemas	
Autonomia		Estrutura		Ser influente	
Horas flexíveis		Meio período		Tempo integral	
Ambiente de aprendizado		Oportunidades de promoção		Oportunidades de viagem	
Equilíbrio com responsabilidades familiares		Freelancer/ trabalho autônomo		Responsabilidade limitada	
Foco em criatividade					
Adicione suas ideias:					

Olhando para esta análise, faça anotações sobre os ambientes que lhe atraem.

NOTAS DA AVALIAÇÃO DO AMBIENTE DE TRABALHO

AS ÂNCORAS DE CARREIRA DE EDGAR SCHEIN

Outra área que pode ser considerada útil foi desenvolvida por Edgar Schein e é chamada de "âncoras de carreira". Uma âncora de carreira é definida como "sua combinação única de competência de carreira acumulada, motivos e valores" e é identificada por meio do preenchimento de um questionário de quarenta itens que irá ajudá-la a pensar sobre o que busca em uma carreira. O questionário baseia-se em oito âncoras de carreira que Schein identificou. Cada uma dessas âncoras sugere um elemento vital do seu trabalho para a satisfação profissional:

- Técnico e funcional: utilizar uma aptidão técnica ou funcional.
- Gerenciamento geral: estar comprometido e ser responsável

pelos resultados.

- Autonomia e independência: ser responsável pelo que faz e como o faz.
- Segurança e estabilidade: trabalhar em um ambiente seguro e estável.
- Criatividade empresarial: criar a própria empresa ou negócio.
- Serviço e dedicação a uma causa: conquistar algo de valor.
- Desafio puro: ter a oportunidade de competir e ganhar algumas vezes contra as probabilidades.
- Estilo de vida: ter flexibilidade para garantir o equilíbrio entre as vidas pessoal e profissional.

Compreender sua âncora de carreira primária pode ajudá-la a entender suas preferências por certos aspectos de seu trabalho e lhe facilitará na construção do seu planejamento de carreira e tomada de decisão. O questionário está disponível no site careeranchorsonline.com (em inglês), onde pode ser comprado. Uma vez preenchido, você receberá um relatório personalizado que explica a sua âncora de carreira, bem como uma descrição detalhada das outras sete categorias.

"E SE?"

Este exercício é baseado em uma ideia usada no coaching focado em soluções, onde as pessoas são solicitadas a suspender o julgamento e fazer algumas reflexões sobre a questão que está sendo discutida na sessão. Queremos que você aplique essa ideia em seus pensamentos sobre a sua futura carreira. Por isso, pense em tudo o que aprendeu sobre si mesma e sobre as suas ambições de emprego até o momento. Agora, deixe a mente livre e pense nisso como se não houvesse restrições ou limitações sobre o que você poderia exercer. Escreva uma breve descrição (na caixa a seguir) sobre qual seria o seu emprego ideal. Tente ser tão descritiva e específica quanto possível.

MEU EMPREGO IDEAL

Os ideais nem sempre são alcançáveis, portanto, reveja e considere quais são os elementos fundamentais da sua descrição anterior, o que é possível e como você pode alcançar esses ideais. Por exemplo, tendo feito esse exercício, muitas mulheres nos dizem perceber que uma coisa que as está impedindo é a falta de uma qualificação formal ou de mais conhecimento técnico, e ao fazer isso identificam que uma maneira de buscar seu ideal é se qualificar ou obter algum treinamento. Como algumas de nossas entrevistadas disseram,

"Acabei percebendo que a falta de um diploma estava me impedindo. Então, fiz um plano de negócios e convenci o meu patrão a financiar uma formação profissional."

"Abandonei a escola aos dezesseis anos e fui um pouco idiota até o fim dos meus vinte anos. Se eu tivesse colocado tanta energia na minha carreira quanto na minha vida social, teria quebrado recordes. Contornei essa situação indo para a universidade aos trinta anos e me graduando com mérito."

"Depois de cinco anos como cabeleireira, percebi que estava entediada e que tinha perdido a minha motivação, até ganhar uma vaga em um curso de competências especiais em coloração de cabelo que me deu direito a um diploma. Foi uma formação de prestígio na minha área e envolveu muita dedicação, estudo e trabalho prático, e nem todos conseguiram ficar no curso. Aprender esse novo talento foi a motivação de que precisava — todo o suor valeu a pena."

Pergunta 5: como vou realizar os meus sonhos?

A realização de um sonho, ocasionalmente, se dá devido às circunstâncias e à sorte, mas em nossa opinião, ter estratégias, ideias e planos leva a um sucesso maior e permite uma adaptação e uma flexibilização durante a jornada.

Um exercício popular para ajudá-la a organizar seus pensamentos e rever suas forças, fraquezas, oportunidades e ameaças é chamado de análise SWOT (Forças, Fraquezas, Oportunidades e Ameaças). Esta é uma adaptação de uma ferramenta de gestão estratégica bem utilizada. É muito fácil de aplicar e pode ser útil na avaliação do seu conjunto de habilidades atuais, áreas de desenvolvimento e aqueles aspectos da sua vida considerados oportunidades e ameaças.

Use o quadro a seguir para anotar suas respostas a todas ou algumas das seguintes perguntas. Escolha as perguntas que mais a ajudam em cada uma das quatro áreas:

- Forças
  - No que sou boa?
  - Que características pessoais me dão uma vantagem sobre os outros?
  - Comparada com os outros, o que faço melhor?
  - Como é que os meus chefes descreveriam os meus pontos fortes?
  - Como minha equipe/ colegas descreveriam meus pontos fortes?
  - Que valores e atitudes contribuem para o meu conjunto de habilidades?
  - Que traços de personalidade contribuem para os meus pontos fortes?
- Fraquezas
  - No que não sou tão boa e evito fazer?

    - Que características pessoais eu acredito serem uma desvantagem?
    - Como é que os outros descreveriam as minhas fraquezas — chefes, colegas, equipe, etc?
    - Que habilidades eu não estou tão confiante em usar?
- Oportunidades
    - Quão bem conectado estou com as pessoas que podem me apoiar e aconselhar?
    - O que está acontecendo agora na minha empresa/ profissão/ área de atuação que poderia me oferecer uma oportunidade?
    - Existem situações na minha vida/ trabalho que eu poderia explorar para obter maior sucesso?
    - Estou alavancando meus pontos fortes para obter a melhor vantagem?
- Ameaças
    - Como estou trabalhando para aliviar minhas fraquezas, capitalizar essas habilidades e transformá-las em oportunidades?
    - Existem situações na minha vida/ trabalho que podem ser perigosas para o meu sucesso?
    - Que impedimentos existem na minha vida/ trabalho no momento? Pense em tecnologia, redes de contato, mudança de circunstâncias, etc...

ANÁLISE SWOT PESSOAL

FORÇAS	**FRAQUEZAS**
OPORTUNIDADES	**AMEAÇAS**

Uma análise SWOT pessoal fica mais completa quando você precisa organizar informações para ajudá-la a avaliar um aspecto de sua vida. Pode facilitar na tomada de decisões sobre questões de carreira, trabalho e vida, levando a uma melhor compreensão sobre si mesma, permitindo-lhe capitalizar os seus pontos fortes e oportunidades ao tomar decisões importantes.

REFLEXÕES DE AUDITORIA DE CARREIRA

Nesse capítulo nós apresentamos muitas ideias de autoanálise. Agora é importante resumir seus principais pensamentos até aqui.

Resumo: Ao escrever este resumo, você pode achar útil algumas das seguintes perguntas: O que você descobriu de novo sobre si mesma? O que descobriu sobre si que é importante para a sua carreira/ emprego agora e no futuro? Quão satisfeita você está no seu emprego atual? Você identificou alguma área de tensão ou estresse com a qual precisa lidar? Que mudanças prevê fazer em curto prazo/ longo prazo? Você já identificou alguma necessidade de desenvolvimento — por exemplo, habilidades para desenvolver, oportunidades de emprego ou de destacamento de projetos, treinamento formal, etc?

E finalmente:

O objetivo deste livro é ajudá-la a tirar o máximo proveito do seu trabalho/ carreira/ profissão e a sentir-se realizada e satisfeita com o que está fazendo e escolhendo para o futuro. Nós propositalmente não focamos este livro em "como chegar ao topo" porque acreditamos que, para muitos, o objetivo é ter um emprego e carreira gratificantes e recompensadores, não necessariamente chegar ao topo, quebrar barreiras ou ser um líder. Como muitas relataram, "Quero apenas um emprego satisfatório e gratificante, um local de trabalho justo e a sensação de que não estou sendo prejudicada simplesmente por causa do meu gênero". Nossa motivação para escrever este livro veio da necessidade de fornecer uma abordagem estruturada para reflexão e planejamento de carreira: algo que pouquíssimas mulheres têm tempo para fazer em suas vidas ocupadas.

Lembre-se, a idade não é uma barreira para a mudança, nem importa em que estágio da sua carreira você está. Leve em conta que conhecemos pessoas que mudaram de direção aos trinta, quarenta e cinquenta anos; é sempre possível. Por exemplo: Carolyn McCall deixou o negócio na área de mídia jornalística para ser presidente executiva da EasyJet Airline; uma mulher em nossa pesquisa decidiu, em meados dos trinta anos, deixar de ser enfermeira para se tornar pediatra; e outra deixou um emprego bem remunerado na cidade para montar um vinhedo.

Mais à frente, oferecemos ideias sobre como desenvolver uma variedade de habilidades e competências necessárias para sua carreira. No final do livro, também falaremos sobre como fazer tudo isso acontecer. Lembre-se, é valioso ter uma história para contar em qualquer fase da vida sobre a forma como você vê a sua carreira desenrolar-se, as ambições e ideias para a sua jornada profissional. O objetivo de fazer uma auditoria de carreira e todos os outros exercícios deste livro é ajudá-la a ser mais focada, mais confiante, capaz de falar sobre suas conquistas e o que deseja fazer em seguida e no futuro.

2
A EXPERIÊNCIA DAS MULHERES: O QUE ELAS DIZEM

Pedimos às mulheres em uma pesquisa online durante o verão de 2015 para nos contar sobre suas experiências de carreira e recebemos mais de 1.400 respostas. Também entrevistamos várias mulheres para examinar suas experiências de vida, trabalho e carreira. Como seria de se esperar, ouvimos muitas, muitas histórias de sucesso pessoal, muitos exemplos sobre o que as ajudou a ter sucesso e o que bloqueou a sua carreira. O alcance e a amplitude das suas experiências e o que disseram é uma visão valiosa das jornadas profissionais das mulheres inseridas no mercado de trabalho atual.

As mulheres representam uma grande variedade de faixas etárias, ocupações, setores, países, nacionalidades e níveis: médicas, professoras, advogadas, pilotos, compradoras, esteticistas, contadoras, consultoras jurídicas, gerentes de produto, políticas, funcionárias públicas, acadêmicas, engenheiras, comissárias de bordo, profissionais de aprendizagem e desenvolvimento e de relações humanas, jornalistas, administradoras e aquelas que trabalham em alta tecnologia, publicidade, marketing, relações públicas e em uma variedade de setores, incluindo terceiro setor, farmacêutico, financeiros, tabaco, serviços, energia, artes, teatro e museus, saúde, governo local e nacional, varejo e automotivo. Podemos não ter ouvido falar de todos os postos de trabalho, níveis de gestão ou setores, mas ouvimos falar de um vasto setor transversal de mulheres trabalhadoras.

Ainda que a maioria das mulheres vivessem no Reino Unido, também ouvimos muitas que viveram e trabalharam em cargos globais e internacionais, bem como mulheres da Suíça, Turquia, Escandinávia, Grécia, Dinamarca, Itália, Alemanha, América do Norte, França, Espanha, Oriente Médio, Austrália, Malásia, Japão e China. Algumas estão apenas no início da carreira, muitas outras estão a meio caminho ou nos níveis mais altos, e algumas são empresárias ou escolheram o trabalho freelance. Há aquelas que estão fazendo uma pausa por razões familiares e outras que têm histórias para contar sobre ser mãe no mercado de trabalho. Os empregadores incluem setores públicos, privados e terceiro setor, desde microempresas, passando por empresas de médio porte, até gigantes multinacionais.

Em nossa pesquisa, uma das perguntas feitas às mulheres era para nos contar sobre as barreiras que enfrentaram em sua vida profissional. Algumas disseram honestamente que não haviam encontrado barreiras em sua carreira. Foi ótimo ouvir essa notícia, que foi dita por mulheres de várias idades e fases de carreira. Outras sentiram que as únicas barreiras que encontraram foram as criadas por elas próprias — como a falta de confiança ou o que é conhecido como "síndrome do impostor", em que alguém sente que não merece o sucesso ou o cargo sênior que alcançou. Por exemplo, muitas mulheres falaram sobre sua falta de confiança, inclusive muitas veteranas bem-sucedidas, como Jayne-Anne Gadhia, recentemente nomeada diretora executiva da Virgin Money. Você pode ler mais sobre confiança no capítulo cinco.

Como nos disse uma entrevistada:

"Tenho sido meu pior obstáculo... Quase que em piloto automático, e foi apenas nos últimos anos que um bom mentor me ajudou a perceber que eu realmente tenho construído uma boa uma carreira apesar de tudo."

Vale a pena ressaltar que às vezes leva algum tempo para reconhecermos que qualquer uma de nós pode involuntariamente erguer as próprias barreiras: uma pessoa que decide não se candidatar a um novo emprego ou promoção pode estar preocupada em falhar, ou com que seus novos colegas possam não gostar dela. Há também indícios de discriminação baseada na idade, o que pode ser involuntário por parte dos empregadores, como se pode ver na citação seguinte:

"Agora sinto que a principal barreira na minha carreira neste momento é a idade. Ao longo dos últimos anos, a estratégia de recrutamento tem sido recrutar recém-graduados e fornecer treinamento interno. Isso significa que as oportunidades para alguém como eu, que já é qualificada para RH e tem mais de quarenta anos, são limitadas. O impacto que isso causa em mim é que tenho menos probabilidades de me candidatar a empregos, pois sei que serão reservados aos recém-graduados."

Algumas mulheres trabalham em setores dominados por homens, como o de engenharia e o industrial, e muitas mencionam o fato de que, embora possa haver mulheres em níveis mais baixos, há poucas mulheres com poder de decisão. Isto significa que há falta de modelos de referência — algo que sabemos fazer falta no momento em que as mulheres avaliam se elas, também, podem ocupar níveis superiores em uma empresa.

Pode-se supor que "ser uma mulher no mundo dos homens" era algo mais provável de ser dito sobre carreiras no passado, e ainda assim, permanece sendo verdade como um tema moderno, muitas vezes em novas indústrias, tais como robótica e design de videogames. No entanto, talvez não seja tão presente como já foi, e é claro que há muitas áreas — como marketing, publicidade e jornalismo — que passaram por grandes mudanças e onde se pode dizer que as mulheres se mantêm firmes. Mas isso não é verdade em todos os lugares, e em certos setores, ou em níveis hierárquicos mais altos, a desigualdade continua sendo um problema.

"Estou convivendo com homens que não acham que a engenharia é um lugar para mulheres."

"Sou a única mulher nesta empresa que trabalha como especialista em engenharia e isso faz com que eu me sinta muito isolada."

Muitas das experiências que as mulheres nos descreveram oferecem algum aprendizado prático e destacam o que chamamos de multiplicadores e descarriladores.

- Os multiplicadores de carreira são eventos e oportunidades que são bons para a sua carreira.

- Os descarriladores de carreira são eventos e questões que são obstáculos ou bloqueios que atrasam a sua carreira.

Mais adiante neste capítulo, focamos nos aspectos práticos dos "desafios e soluções" que as mulheres encontraram. Se você está experimentando seu próprio desafio de carreira no momento, por favor, não fique desapontada se não o encontrar mencionado neste livro, e esteja certa de que haverá uma maneira de contornar o problema. Você pode precisar de alguém para aconselhá-la ou testar algumas abordagens diferentes e continuar tentando. Seja criativa, paciente e, acima de tudo, determinada. Algumas das qualidades que admiramos em muitas das mulheres entrevistadas para este livro são determinação, flexibilidade e capacidade de se manter forte, como ilustrado a seguir:

"Mudei cinco vezes o rumo da minha carreira — trabalhei na Grécia (e aprendi o idioma), executei projetos em diferentes países da União Europeia. Depois fui bem-sucedida criando a minha própria empresa de treinamento, que dirigi durante vários anos, antes de regressar ao Reino Unido e me tornar PhD. E recentemente passei a trabalhar em pesquisa executiva."

"Comecei a minha carreira no National Health Service (NHS) [Serviço Nacional de Saúde do Reino Unido] como nutricionista e depois segui três diferentes caminhos profissionais, que envolviam reciclagem e outras qualificações. Ao longo deste tempo, houve reestruturações e reorganizações constantes, o que significa que o meu emprego ficou em risco diversas vezes e, de fato, fui despedida em sete ocasiões ao longo dos anos. Finalmente consegui ter sucesso, quebrando a barreira, conquistando a gerência sênior do NHS e me tornando CEO de um grupo de cuidados básicos."

Ambas histórias ilustram o multitalento e a flexibilidade, além da determinação que move as mulheres através de suas jornadas profissionais variadas e por vezes difíceis.

MULTIPLICADORES DE CARREIRA

O termo "multiplicadores de carreira" se relaciona com as oportunidades que impulsionam a sua profissão e com os aspectos que influenciam fortemente seu potencial de carreira, o que pode afetar a sua experiência, especialização ou nível de confiança: por exemplo, a chance de adquirir experiência de gestão no início da carreira, de assumir um projeto internacional, de participar de um programa de desenvolvimento de gestão ou de acompanhar um gestor sênior. Colegas em que possa se inspirar e um chefe que lhe ofereça apoio também podem ajudá-la muito, especialmente no início da carreira. Se o seu primeiro supervisor lhe dá apoio (e também é um bom gerente), então é um pouco como acontece em uma corrida de revezamento: você acabou de ter uma boa largada. Mas, se forem medíocres, indiferentes ou mesmo ruins, isso invariavelmente irá impactá-la. Não há nada como o sentimento de realizar um trabalho bem-feito e de ser parabenizada. Por exemplo, uma mulher nos disse que quando fechou um grande acordo seu patrão ficou tão encantado que se ofereceu para pagar as despesas da sua viagem de fim de semana que já estava reservada. Também fez um grande alarido na empresa, com bolos e comemorações, para que todos soubessem da sua participação em algo de tanta importância.

Outro exemplo é sobre uma das mulheres que entrevistamos para este livro, que agora é diretora de fotografia freelancer, cineasta, iluminadora e operadora de câmera. No início da sua carreira, ela foi encorajada a candidatar-se a um projeto para trabalhar ao lado de um importante diretor de fotografia enquanto ele gravava o filme *A bússola de ouro*. Nada poderia ser melhor do que quando pensamos em aprender com alguém que é um dos melhores de sua área, embora isso quase não tenha acontecido:

"Fui encorajada a me candidatar ao projeto de adaptações técnicas por outra empresa, simplesmente porque caso ninguém se candidatasse, a emissora perderia esse financiamento. Estava gostando do que fazia como *focus puller* (assistente de câmera) e, naquele momento, não me sentia motivada a mudar. Realmente não esperava que a candidatura fosse levar a alguma coisa, mas depois soube que tinha sido selecionada para uma entrevista e mais tarde me ofereceram a oportunidade! Mas não tinha a certeza do que fazer naquele momento. Tinha me separado do meu noivo há apenas alguns dias e, como foi inesperado, não tinha para onde ir a não ser para a casa dos meus pais. O diretor me perguntou o que estava acontecendo na minha vida naquele momento e eu tive que ser honesta, contei a ele sobre a separação e que não sabia o que iria fazer ou onde iria morar. Mas ele via as coisas de maneira diferente. Em vez de ser um período de confusão para mim, ele viu como um bom momento, que eu devia ficar com os meus pais e passar o ano sendo orientada por ele, para me concentrar no desenvolvimento da minha carreira."

Uma série de entrevistadas menciona a oportunidade de fazer parte de um time de projetos corporativos. Muitas vezes, essas equipes são organizadas com pressa, com metas específicas, bastante desafiadoras, mas são ótimos momentos para ser notada por pessoas mais experientes, para desenvolver novos relacionamentos e, claro, melhorar o seu conhecimento de outras áreas de negócios.

Ter um mentor ou uma mentora é outro grande multiplicador de carreira que gera apoio ao seu desenvolvimento e potencial profissionais. No entanto, muitas vezes há um mistério sobre como isso acontece, o que significa que as mulheres não encontram mentores! Como uma das nossas entrevistadas comentou:

"Sempre fui orientada por homens e acho que não importa se é um homem ou uma mulher que lhe ajuda. Algumas pessoas acham que deveria ser uma mulher, mas eu não concordo com essa opinião."

Diríamos o mesmo e, na verdade, alguns dos mentores em ambas as nossas carreiras foram homens.

"Agora percebo que, no início da minha carreira, tive grandes mentores e pessoas que me apoiaram."

Karen Lord, que é a primeira mulher a dirigir uma das agências da John Lewis Oxford Street, deu recentemente alguns conselhos práticos sobre isso — ela diz "não espere que seu mentor venha até você". Em vez disso, complementa Karen, "vá e encontre os seus mentores. Certifique-se de encontrar a pessoa certa e seja específica sobre o que quer desenvolver, e por que". Karen estava palestrando em um evento da Red Women — mais informações podem ser encontradas em www.redonline.co.uk.

Os multiplicadores de carreira podem chegar em diversos tamanhos e formatos, e muitas vezes as mulheres relatam que, na época, não perceberam o quanto isso era importante. Portanto, você precisa reconhecê-los e procurar diferentes opções que possam ajudar a sua carreira a se desenvolver. Por exemplo:

- Se você é uma professora ou consultora organizando um workshop no próximo evento regional em sua área, como consequência, não só conhecerá pessoas, mas também isso mostrará algo sobre você e suas habilidades que a diferenciará dos outros. Então, quando for para um novo emprego, seu CV se destacará dos demais.

- Mudar para um novo emprego e encontrar um chefe que acredite em você, reconheça suas habilidades e ofereça suporte para ajudá-la a desenvolver sua carreira. "Sempre tive grande apoio dos meus chefes, que me ajudaram a mudar de emprego. Eles permaneceram próximos, continuando como mentores ao longo dos anos seguintes."
- Fazer um MBA ou uma qualificação profissional — como uma das entrevistadas explicou, "Isso significava estudar à noite e aos fins de semana para garantir que eu terminasse com uma boa nota e me permitisse melhorar minhas oportunidades de trabalho". Outra entrevistada estudou muito para um doutorado, reconhecendo que isso não só lhe dava mais conhecimento como também melhoraria sua empregabilidade.

Os principais multiplicadores de carreira frequentemente mencionados durante a nossa pesquisa incluem:

- Ter **um bom chefe** que ofereça apoio e desafio: é notável a diferença que existe entre "apoio e desafio". Você pode aprender muito quando recebe apoio de colegas ou do seu chefe, mas ter alguém mais experiente que oferece apoio **e** desafio significa desenvolver habilidades que você não sabia que tinha!
- Construir uma forte **rede de contatos** de pessoas que acreditem em você, a guiem e a empurrem para sair da sua zona de conforto. Um diagrama de rede deve estar dentro da organização e incluir também relações externas.
- **Determinação e tenacidade**: trabalhar muito, persistir, dar tudo de si para o trabalho e entregar além de suas metas e objetivos.
- Boa **capacidade de comunicação**: fazer as perguntas certas, falar por si própria e em apresentações.
- **Energia e entusiasmo**: com isso não queremos dizer aproveitar o

seu trabalho ou trabalhar para uma grande empresa — embora isso seja sempre importante. Estamos falando da sua contribuição, dos princípios "de fazer acontecer" que Sheryl Sandberg descreve em seu livro. Se você está sempre interessada, entusiasmada e cheia de energia, então é uma peça-chave e um grande membro de qualquer equipe. As pessoas vão querer mantê-la por perto enquanto você ajudar a melhorar seus níveis de energia. Você precisa fazer uma diferença positiva onde quer que esteja: em uma reunião, em uma equipe ou em sua empresa. Nunca seja alguém cuja presença não é lembrada, em vez disso, tente ser positiva e fazer a diferença, contribuindo assim para a sua credibilidade e reputação.

- **Planejamento de carreira**: não há substituto para o planejamento de carreira. Isso faz toda a diferença, ajudando-a a descobrir do que gosta e no que é boa, e compreender as barreiras potenciais que podem atrapalhar o seu caminho.
- **Tenha um mentor!** Além de um mentor, um patrocinador e um coach também são apoios úteis para ajudá-la a construir sua carreira.

Agora vamos mudar de direção e considerar o que pode sabotar a sua carreira ou estacioná-la.

DESCARRILADORES DE CARREIRA

Como seria de esperar, os descarriladores são os problemas que a afastam da sua carreira, atrasando-a ou bloqueando a sua ambição. Perder um emprego, por exemplo, ou ter dificuldades em encontrar um novo. Uma entrevistada disse:

"Candidatei-me a mais de duzentos empregos antes de receber uma resposta da Tesco... graças a Deus que eles responderam e eu consegui esse emprego."

Outro exemplo é perder a paixão que se tinha pelo trabalho ao se se sentir "presa" ou em um beco sem saída. Este pode ser um estágio muito difícil de lidar por qualquer período de tempo que seja, e desafiará seus níveis de motivação. Você também deve prestar uma atenção cuidadosa para se certificar de que não sofre de depressão se tal situação permanecer por um tempo.

Há sempre acontecimentos que podem fazer descarrilar a sua carreira, tais como problemas de saúde, demissões, ser vítima de políticas de escritório ou assumir um cargo com oportunidades limitadas de desenvolvimento e progresso. Outro exemplo é ficar pulando de um emprego para o outro — pode parecer que mudar de emprego a cada doze a dezoito meses é uma boa forma de conhecer mais áreas e ganhar experiência, mas é um paradoxo. Se você se colocar no lugar de um patrão em potencial, verá que pode parecer que é uma funcionária que se entedia com facilidade e pode, portanto, ser uma pessoa arriscada para se contratar, então precisa estar ciente de tais problemas.

Uma das questões mais descarriladoras apontadas pelas mulheres é ser mãe trabalhadora e, por alguns anos, afastar-se da carreira enquanto forma uma família. Não surpreendente saber que isso muitas vezes abala a confiança das mulheres e, enquanto passar apenas alguns meses fora do ciclo de trabalho já é difícil, um período de tempo mais longo é ainda pior. Uma jovem mãe trabalhadora que voltou depois de um intervalo de nove meses após o nascimento da sua segunda filha disse:

"Tinha havido tanta mudança que eu mal reconhecia o lugar. O meu trabalho ainda estava lá, sim... mas era quase como começar em uma nova empresa."

E provavelmente é verdade dizer que a maioria dos empregadores, e todos nós como colegas, não reconhecemos o quão difícil pode ser e nem fazemos o suficiente para ajudar.

Foi mencionada uma gama de descarriladores. Os descarriladores mais frequentes mencionados pelas nossas entrevistadas e respondentes da pesquisa são:

- **Sacrifício de carreira para priorizar crianças e outros membros da família.** De longe, o descarrilador ou barreira na carreira mencionado com maior frequência. "Ter um filho significa que estou sacrificando um emprego pela flexibilidade e conveniência para garantir que posso dar prioridade ao meu filho." "Ter filhos também atrasou o meu progresso, principalmente porque queria ter tudo, ser uma mãe brilhante e atenciosa, bem como uma mulher motivada pela carreira. Equilibrar estes dois pontos e lidar com a culpa constante de me sentir como se devesse estar em outro lugar significou que algumas coisas precisavam entrar em modo de espera durante algum tempo."

- No mesmo contexto, muitas também mencionaram a falta de apoio da família, parceiro e/ ou marido. Para algumas mulheres, foi uma escolha consciente investir tempo e dedicação aos seus filhos. Outras mulheres também mencionaram ter acompanhado/ seguido seu cônjuge quando este se mudou para assumir novos cargos: "Estar casada com um marido que gosta de se deslocar."
- **Ausência de um bom suporte para os filhos** e falta de opções de trabalho flexível para as mães trabalhadoras. Há muito mais que os empregadores poderiam fazer — cada cidade poderia desenvolver sistemas compartilhados para ajudar os pais que trabalham, e as empresas poderiam ter creches no local. "As necessidades das crianças foram um obstáculo, esperei até que a mais nova começasse a estudar antes de reiniciar". Algumas empresas estão assumindo a liderança nessa questão, como a fábrica de automóveis Toyota em Burnaston, Derbyshire. Uma engenheira da fábrica utilizava a creche no local (com opções para os trabalhadores por turnos), o que significou que ela pôde voltar ao trabalho depois do nascimento do seu filho.
- Ter um **chefe insuportável ou um patrão ruim**. Isso pode não ser simplesmente sobre alguém com quem você tem afinidade, pode ser sobre alguém que não é particularmente habilidoso como gerente. "Ter um gerente que não me deu crédito ou espaço para crescer." Muitas mencionaram chefes (incluindo mulheres!) que se sentiam ameaçados por mulheres talentosas, que não lhes davam crédito pelo bom trabalho, intimidavam ou depreciavam, e eram ativamente hostis às mães inseridas no mercado. "A minha maior barreira era um chefe que se sentia ameaçado por mulheres talentosas e ambiciosas."
- As dificuldades de trabalhar em uma **equipe exclusivamente masculina** ou em um ambiente dominado por homens com um forte ***networking* "só para os velhos amigos**" que influencia as práticas de trabalho, as promoções e o ambiente de convivência. Sexismo e preconceitos de gênero em determinados ambientes, como por exemplo no TI, nos serviços financeiros e no ensino superior, foram

mencionados como áreas em que "as mulheres têm, aparentemente, que se reafirmar muito mais do que os seus pares masculinos". "Há um *networking* 'só para os velhos amigos', onde eles se promovem uns aos outros."

- **Se sentir um peixe fora d'água**. Sentir que não gosta do seu emprego, que não é o emprego ideal com que sonhou ou não é o emprego que lhe foi prometido quando foi recrutada. Isso pode levar à falta de confiança e autoconfiança.
- **Estereótipos sobre mães no mercado de trabalho**. Ouvimos histórias de mulheres de diferentes setores e organizações sobre as suposições frequentemente feitas sobre mães no mercado. Por exemplo, um mito popular é que as mães trabalhadoras não levam a sério a sua carreira ou não assumem grandes responsabilidades: "Na nossa empresa, constato que a gravidez, a maternidade ou o fato de simplesmente ser mulher é visto pelos outros como estar disposta a priorizar os filhos em detrimento do emprego, isso pode ser, sem dúvida, um obstáculo à progressão na carreira aqui." Outras estão relacionadas a viagens de negócios, promoções, mudança de local ou assumir um cargo internacional.
- **Discriminação etária**. Ser muito jovem ou muito velha. Parece que muitas suposições são feitas sobre a idade em alguns empregos "inicialmente a minha idade era uma barreira, viam-me como muito jovem para mudar e assumir um cargo de administração quando eu tinha vinte e poucos anos, pois os administradores tinham todos cerca de quarenta anos". Há muitas percepções sobre idade e promoção. "Os seniores da minha equipe sentem que é preciso ter certa idade para ser promovido". No outro extremo da escala, parece que à medida que as mulheres envelhecem também estão em desvantagem, "Também comecei a experimentar a discriminação, mas só quando cheguei aos cinquenta anos".
- **Ter de comprometer os seus valores**. Quando um trabalho entra em conflito com os seus valores pessoais: "Deixei um cargo sênior porque não gostei da forma como nos pediram para tratar os nossos alunos." Trabalhar em um ambiente onde os valores são

regularmente desafiados, seja pela estratégia e pelos processos organizacionais ou por coisas que você tem que fazer como parte de sua função, pode levar ao desencanto, o que por sua vez pode levar ao descarrilamento.

- **Permanecer muito tempo** em uma organização, o que a leva à estagnação ou a não ganhar promoções, como comentou uma mulher: "Trabalhei por mais de onze anos no meu departamento governamental e não avancei. Tive que mudar completamente de trabalho e mudar para um cargo de governo local, logo ganhei uma promoção lá. Mas se não tivesse deixado o primeiro emprego continuaria como secretária."
- **Discriminação.** Ficamos surpresas ao ouvir uma série de histórias sobre discriminação. Parece um conceito atrasado para o século XXI, e esperávamos que tivesse desaparecido. Alguns exemplos incluem: "Disseram-me abertamente que tirar a licença-maternidade é uma palhaçada."; "No início da minha carreira, não fui recrutada para um *trainee* em programa de gestão, pois pensaram que eu provavelmente iria engravidar e tirar licença-maternidade", "Quando eu estava esperando a minha primeira consulta com o médico de família, fui perguntada (por uma mulher) na entrevista se eu pretendia começar uma família!", "'Garotinha' ainda é uma forma relativamente comum de um colega minar a autoridade de uma mulher".

As citações adiante ilustram algumas outras histórias e temas, típicos do mercado de trabalho, que ouvimos:

"A principal barreira para mim, como médica em formação, era ter de trabalhar de oitenta a 120 horas por semana nos primeiros anos da minha carreira. Isso levou a muita privação de sono e me senti desiludida com a medicina como carreira."

"Eu realmente queria um emprego em RH quando deixei a universidade, mas em todos os lugares onde me candidatei procuravam apenas pessoas com experiência em relações humanas — mas eu não conseguia obter essa exigência!"

"As mulheres jovens subestimam a dinâmica masculina (na Alemanha) e consideram que a educação e o esforço serão suficientes para ter êxito."

Várias mulheres mencionaram questões sutis que as bloqueiam ou descarrilam, tais como:

"A falta de consciência de algumas pontes que você precisa atravessar" (Especificamente, a importância de se tornar visível para outras pessoas mais experientes da sua empresa).

"Eu não sabia que não era muito visível na minha função anterior. Se tudo estava indo bem — e normalmente estava — eu não era chamada para prestar explicações, assim fui percebendo que muitas gerentes seniores não me conheciam nem sabiam do meu trabalho... então trabalhei, fortemente, em minhas habilidades de apresentação e me voluntariei para falar em fóruns de liderança."

Este capítulo destina-se a apresentar as questões, em vez de discutir estratégias ou soluções específicas para cada uma delas. No entanto, se sentir que está enfrentando um problema de descarrilamento na sua carreira, então os seguintes conselhos práticos podem ajudá-la:

LIDAR COM DESCARRILADORES — QUATRO ETAPAS FUNDAMENTAIS

Etapa 1: identifique o problema que a está bloqueando e estabeleça os "fatos" de forma objetiva.

Etapa 2: pense no impacto que esta situação tem sobre você, como ela a faz se sentir? E por quê?

Etapa 3: partilhe essa informação com outra pessoa. A pior coisa que você pode fazer neste momento é ignorá-la, pois isso muitas vezes pode levar a sintomas físicos, tais como dores de cabeça, irritabilidade ou crises prolongadas de insônia. Esteja ciente de que estes tipos de sintomas são a forma do corpo lidar com uma situação ruim e são um aviso precoce de um "sinal de alerta". Se não prestar atenção, pode ficar muito doente. A pressão também pode fazê-la "explodir", assim como uma bebida gasosa pode explodir sob muita pressão!

Não a aconselhamos a deixar um emprego até que tenha outro — é por isso que a Etapa 4 a seguir é tão importante. Aconselhamos também que saia em boas condições. Você pode sentir necessidade de dizer a todos o quão mal está, mas resista a essa tentação. Você não sabe quando ou se irá precisar entrar em contato novamente.

Etapa 4: pense sobre:

- Estratégias de enfrentamento — são muito importantes se não conseguir mudar as coisas imediatamente.
- Estabelecer um plano de ação para mudar o que está acontecendo.

O objetivo deste capítulo é ajudá-la a compreender o poder dos multiplicadores de carreira, encorajá-la a sair e encontrá-los, e a entender o quanto os descarriladores podem lhe atrasar.

Pense nas suas experiências:

	EXEMPLOS DA SUA CARREIRA	**APRENDIZADO PESSOAL A PARTIR DISSO**
Multiplicadores de carreira		
Descariladores de carreira		

PONTOS-CHAVE DESTE CAPÍTULO

É evidente que há poucas regras estabelecidas sobre as carreiras modernas e as experiências das mulheres. No entanto, é verdade que hoje em dia há menos aconselhamento e apoio de trabalho. Alguns empregadores oferecem boas estruturas, orientação, treinamento e coaching, mas muitos não o fazem. Por isso é tão importante que os indivíduos assumam a responsabilidade pela própria evolução na carreira.

Tenha uma estratégia de carreira! Isso é realmente importante para construir sua vida profissional, desenvolver suas habilidades e ampliar sua experiência. Não mantenha, simplesmente, a cabeça baixa e faça o seu trabalho, mas olhe para o que está acontecendo ao seu redor e se interesse por outras partes da empresa onde está trabalhando. Esteja atenta a qualquer descarrilador que lhe aconteça e tome medidas para resolver esse problema. Esteja ciente do poder dos multiplicadores e certifique-se de que os está buscando. Não espere ser convidada.

A jornada de carreira é às vezes fácil e às vezes difícil. Há temas que exploramos neste capítulo que podem ajudá-la a compreender se você está "no caminho certo" ou "fora do caminho" em termos de onde gostaria de estar nos próximos quatro ou cinco anos. Algumas das mulheres com quem falamos para este livro, que estão chegando ao fim de suas carreiras, desejavam ter sido mais ambiciosas, ter procurado carreiras mais ousadas e ter mais feedback e aconselhamento de carreira no início de sua vida profissional. Existem certas pegadinhas no mercado, por exemplo: é improvável que você se torne gerente executiva de uma sociedade anônima se nunca tiver assumido um cargo operacional, financeiro ou internacional. Da mesma forma, embora possa haver algumas questões de gênero em se descrever como ambiciosa, se não expuser o que deseja, não será surpresa se as pessoas ao seu redor não a acharem preocupada com sua carreira.

Outra questão de gênero que devemos mencionar é que as mulheres, por vezes, cooperam muito mais no trabalho em comparação com os seus colegas homens, que são mais seletivos, e que as mulheres assumirão qualquer tarefa que lhes seja pedida, simplesmente porque lhes foi pedida! Por isso, verifique e certifique-se de que isto não está afetando negativamente a sua carreira.

É também um fato lamentável da vida profissional moderna que um número de fatores indiretos (e às vezes altamente irrelevantes) sejam usados para determinar se alguém leva a sério a própria carreira. Passar longas horas no escritório é um deles, outro é fazer viagens frequentes ou mudanças de cidade.

É importante que você seja sincera ao pedir oportunidades de carreira. Sabemos que, por vezes, as mulheres têm menos expectativas do que os homens. Naturalmente, muitos bons empregadores reconhecem essa questão, mas você tem que conduzir o avanço da própria carreira. Então, pense nesses pontos, juntamente com os seguintes:

- **Crie estratégias e planeje sua carreira**. Independentemente do estágio de sua carreira, avalie onde você se encontra e, se quiser mudar, desenvolva em seguida uma estratégia para o futuro. Mesmo as grandes organizações hoje em dia estão estagnadas, com menos oportunidades de promoção e de movimentação.
- **Aproveite as oportunidades**. Peça oportunidades e, acima de tudo, procure por elas. Nem toda promoção é anunciada para a empresa, e muitos projetos começam, param e reiniciam informalmente como e quando atendem a diferentes necessidades de negócios.
- **Invista em relacionamentos** e compreenda o poder do trabalho em rede, muitas vezes é através de redes de contatos e por outras pessoas que as portas se abrem para oportunidades diferentes.
- **Invista e desenvolva suas habilidades.** Peça à sua empresa formação e desenvolvimento, procure aconselhamento de carreira dentro ou fora da empresa. As associações profissionais, conferências e redes de mulheres geralmente lhe darão acesso a eventos e lhe apresentarão os recursos que pode usar.
- **Valorize o feedback e perceba a impressão que está causando.** Saber como os outros a veem pode ajudá-la com a sua imagem e capacidade de promoção. Em muitas empresas, é provável que alguém seja admirado por trazer ideias inovadoras ou por gerir bem as mudanças, por isso pense no que as pessoas diriam

sobre você. Qual é a sua imagem na empresa? As pessoas a veem como inteligente, enérgica e promissora ou meramente uma boa funcionária que espera que lhe digam o que fazer? Pense na impressão que as outras pessoas na sua empresa têm de você, e considere a forma como gere a sua reputação e constrói a sua credibilidade.

- **Trabalhe de forma mais inteligente e não, simplesmente, trabalhe muito.** Olhe com cuidado e fique atenta em como você pode ser mais eficaz e como sua equipe pode trabalhar melhor em conjunto. Não basta aceitar uma tarefa e trabalhá-la até que esteja terminada. Considere a melhor maneira de fazer o trabalho e o uso mais eficaz dos recursos que tem à sua disposição.
- **Aprenda a ser resiliente** e a lidar melhor com os contratempos. Isto é realmente importante, e algumas empresas reconhecem que a forma como uma pessoa lida com a adversidade é uma maneira importante de selecionar candidatos para cargos mais altos.
- **Esteja ciente da diferença de gênero** e tenha certeza de que você está competindo de forma igualitária na maneira como é tratada em comparação com seus colegas do sexo masculino. Eles podem receber mais multiplicadores de carreira do que você!
- **Compreenda e reconheça a "síndrome do impostor"**, descrita no início deste capítulo. Se você sofre com isso, identifique e desenvolva uma estratégia de enfrentamento.

FINALMENTE,

Alguns dos dilemas de carreira e das soluções que ouvimos de nossas entrevistadas incluem:

"Estou certa de que não fui considerada para promoção de um cargo específico porque sou mulher e tenho três filhos, mas acho que foi por ser mulher e não mãe que me negaram as oportunidades. Acho que não ultrapassei efetivamente as barreiras, mas, apesar delas, progredi, demonstrando competência e profissionalismo, e nunca usei as responsabilidades com meus filhos como desculpa para não fazer meu trabalho, o que muitas vezes resultou em problemas extremamente complicados em casa e, ocasionalmente, em tristeza e angústia pessoais."

"Houve uma barreira até 2009 em que os não advogados não poderiam tornar-se sócios em firmas de advocacia, devido às regras da Ordem dos Advogados. Quando isto mudou, tornei-me um das primeiras não advogadas nomeadas."

"As minhas gestoras (ambas mulheres) eram totalmente antipáticas e, realmente, faziam parte do obstáculo de ser capaz de equilibrar as novas exigências do trabalho com o fato de ser mãe. No final, superei isso deixando a empresa e levando minha carreira em uma direção diferente. Em retrospectiva, a experiência me fez um grande favor, mas foi muito difícil na época."

Você também pode achar útil usar o formulário em branco a seguir para descrever como resolveu qualquer um dos seus dilemas de carreira.

E lembre-se, não há nenhum problema em sua vida profissional que você não possa resolver! Todos têm solução.

SEU DILEMA DE CARREIRA	**SOLUÇÃO**

3

Onde você se encontra em sua carreira?

Se você está apenas começando sua vida profissional ou no meio do caminho com algumas dúvidas sobre o que deve fazer em seguida, então pensamos que este capítulo irá auxiliá-la. Vamos apresentá-la a um quadro que lhe ajudará a pensar sobre onde você está em sua carreira, e vamos incentivá-la a refletir sobre o caminho que seguiu, as várias escolhas que fez e pontos de transição que experimentou. No capítulo um, oferecemos uma análise mais detalhada — uma auditoria de carreira — mas neste capítulo gostaríamos de começar a pensar de forma mais ampla sobre alguns tópicos diferentes:

- Sobre sua vida (parte um).
- Considerações sobre onde você está em sua carreira/ vida (parte dois).
- Reflexões sobre algumas das escolhas você que fez (ou poderá enfrentar no futuro) em sua carreira (parte três).
- Histórias sobre desafios de carreira que mulheres enfrentaram e como os superaram (parte quatro).

Cada parte foi concebida para ser bastante autônoma, por isso não hesite em começar por onde quiser. Se preferir, no entanto, pode analisar cada parte por vez. As carreiras nos dias de hoje são muito diferentes do que eram, digamos, há dez ou quinze anos atrás. Alguns grandes empregadores ainda têm um processo anual de recrutamento, programas de folhetos informativos (para aqueles identificados com potencial para desempenhar funções mais importantes) e planos de carreira claros. No entanto, mesmo em grandes empresas, pode não haver projetos de carreira estabelecidos para mostrar-lhe como progredir dentro de cargos, tais como marketing, ou entre as diferentes áreas de negócio. Mas mesmo se você trabalhar para um empregador com estratégias de carreira e caminhos cristalinos, o nosso conselho ainda seria o mesmo — não assuma um papel passivo, é preciso se responsabilizar por sua jornada de carreira e desenvolvimento.

Comecemos então por dizer algo sobre o que por vezes impede as mulheres de prosseguirem as suas carreiras — e este é um ponto muito importante — porque às vezes é você mesma quem freia suas ambições de carreira na busca pelo emprego certo. Pense nos seguintes comentários:

"Sei que devo seguir em frente e encontrar outro emprego, mas aqui é confortável, conheço todo mundo."

"Sou um membro fundamental na equipe, não posso sair."

"O meu patrão depende de mim, então não me mudarei até que ele faça o mesmo."

"Não sei se tenho a experiência certa para esse trabalho que acabei de ouvir falar."

"Estou presa em um emprego que odeio, mas não sei para onde ir, então provavelmente ficarei por aqui."

Alguma coisa lhe chama atenção? Por vezes, serão as questões familiares e pessoais que a limitam, como aconteceu com uma mulher que tem agora um cargo sênior no setor público:

"Tinha poucas esperanças de encontrar uma empresa onde pudesse combinar minha responsabilidade familiar e os meus interesses profissionais. Enquanto terminava o doutorado em Manchester, pensava que se ao menos conseguisse encontrar um emprego de meio período como professora, ficaria feliz. No entanto, tive sorte e, na minha primeira entrevista em uma universidade, consegui um lugar em que podia desenvolver as minhas competências e interesses de pesquisa, algo que era importante para mim."

Outras vezes será a falta de confiança, o que significa que é mais confortável ficar onde está, o que parece ser, particularmente, um problema para as mulheres. Talvez você queira ler a pesquisa de duas jornalistas americanas, Kay e Shipman, sobre como esta falta de confiança está impedindo as mulheres de subir na carreira empresarial ou de atingir o seu potencial.

Portanto, é importante saber que você pode aprender a ter confiança, exatamente da mesma forma que pode aprender finanças, liderança, marketing, arte ou física quântica. Uma das mulheres que entrevistamos para este livro fazia aulas de balé quando era jovem porque era tímida e queria mudar. Outras técnicas simples de que já ouvimos falar incluem:

- Sair da sua zona de conforto para fazer mais apresentações — quanto mais fizer, melhor ficará. Você pode nunca estar totalmente confortável, mas pode e deve fazê-las, pois a abordagem oposta, de evitar, tornará uma realização futura ainda mais difícil.
- Voluntariar-se para um cargo que envolva escrever propostas de negócios — uma nova habilidade. Você não só aprenderá mais sobre a empresa como, geralmente, estará trabalhando com diferentes colegas e clientes.
- Adquirir competências desde cedo, por exemplo, em um emprego de meio período enquanto está na universidade — trabalhar em qualquer papel de atendimento ao cliente é também excelente para aprender competências de influência! Se conseguir lidar com uma situação difícil, este é o tipo de experiência que a ajudará em qualquer situação complicada no local de trabalho.

Se alguém se destaca na multidão por andar diferente, pode ser visto como alguém confiante, o que pode ser verdade ou não. E alguém que está sempre preparado para falar em uma reunião de negócios parece confiante, mas não temos ideia de como se sente por dentro. Dê uma olhada no TED Talk de Amy Cuddy. Com mais de 26 milhões de visualizações, é o segundo TED Talk mais popular, o que pode sugerir que há muitas pessoas lutando com seus níveis de confiança. Várias mulheres que responderam à nossa pesquisa destacaram o fato de que tirar tempo do trabalho para criar os filhos foi um momento-chave para sua queda de confiança (ou para se esgotar completamente).

Então, você pode mudar sua abordagem e aprender a ter confiança. Ela também pode vir de outras pessoas ao seu redor ou do apoio de colegas, de um chefe que a elogia nas reuniões de equipe e diz a todos o quão brilhante você é, isso definitivamente vai ajudar a aumentar a sua confiança. Mas, se você infelizmente trabalhar no que chamamos de "zona sem agradecimentos", um ambiente onde não ganha elogios, mas, em vez disso, é regularmente chamada a prestar contas do que está errado, terá sua confiança e seus níveis de energia minados. Você pode querer refletir sobre as seguintes afirmações:

Declaração	**Sim**	**Não**	**Notas**
O meu ambiente de trabalho constrói os meus níveis de autoconfiança			
Eu crio um ambiente de trabalho para os outros que constrói níveis de autoconfiança			
Trabalho em uma equipe em que as pessoas são generosas com elogios			
Recebo regularmente oportunidades de desenvolvimento e treinamento			

Todas as empresas, independentemente da sua dimensão e setor, devem oferecer oportunidades de desenvolvimento e formação regulares. Participar de tais eventos lhe ajudará a entender as próprias habilidades, pontos fortes e áreas de desenvolvimento. Lembre-se disso quando estiver considerando mudar para uma nova companhia — é pouco provável que uma empresa que não oferece nada disso veja o desenvolvimento das pessoas como importante. Isso pode fazer com que você pense duas vezes antes de se juntar a uma organização assim.

Reflexão. Passe algum tempo pensando em seu nível de autoconfiança e nas implicações disso para sua carreira.

A parte a seguir analisa onde você se encontra na vida.

PARTE UM: SOBRE SUA VIDA

Pensar sobre como você gasta seu tempo atualmente é uma boa ideia, e nós também apresentamos a seguir um questionamento sobre sua situação "ideal", já que esta é muitas vezes diferente da situação atual.

Você também poderia parar e refletir para onde vai a maior parte de sua energia. Seu comportamento é diferente em lugares diferentes? Alguém foi questionado recentemente sobre como era viver com uma chefe incrível e energizante, a quem todos no escritório admiravam e gostavam de trabalhar. Certamente, eles presumiram, quando ela está com a família e com os amigos deve ser um ambiente fantástico também. "Não", veio a resposta, "ela fica completamente exausta nos fins de semana e muitas vezes passa a maior parte do tempo dormindo". Foi mais um comentário do que uma crítica, mas se isso se aplica ao que está acontecendo com você, então é preciso encontrar uma maneira mais justa e melhor de viver. Não coloque crianças, pais, parceiros ou amigos em "modo de espera" por muito tempo, ou você pode acabar descobrindo que não é mais tão importante em suas vidas quanto gostaria de ser.

Há empresas onde a cultura de trabalho é intensa, literalmente 24 horas por dia, 7 dias por semana, mas cuidado com o peso que isso vai ter sobre você e sobre aqueles que estão ao seu redor. Uma jovem no seu primeiro emprego foi recentemente informada de que embora tenha chegado às 8h30 e saído às 17h30 (seu horário oficialmente é das nove às dezessete horas), isso não era suficiente, e ela precisaria passar mais tempo no trabalho. Certamente, todos nós temos momentos que exigem mais, mas essa deveria ser uma situação ocasional e não perpétua! Pense no seguinte exemplo:

"Quando me ofereceram a oportunidade de criar a unidade a partir do zero, fiquei animada, entusiasmada e totalmente impressionada. Eu estava determinada a conseguir, e sabia que não seria fácil, embora, felizmente, naquele momento, não tenha percebido o quão difícil seria. Durante dois anos, trabalhei na maioria dos fins de semana e, muitas vezes, fiquei próxima ao escritório durante a semana em vez de fazer uma longa viagem de trem para casa. As férias eram impossíveis e não queria perder tempo de qualquer maneira, mas agora posso ver que no final daqueles dois anos eu estava completamente esgotada, tanto física como mentalmente. Pensei que fazer o trabalho e ter sucesso seriam recompensas o suficiente, mas acho que se tornou uma obsessão... Tinha que ter sucesso e pensei que ninguém mais poderia fazer o que eu fiz. Havia uma equipe para me ajudar, e eu podia delegar a eles, mas não o fiz, senti-me totalmente levada pelo tamanho do que tinha assumido."

Então, vamos dar uma olhada em como você gasta seu tempo atualmente. O gráfico de exemplo adiante ilustra como você pode dividir a área total de 100% em seções para que possa rever como gasta seu tempo. No exemplo, utilizamos seis áreas diferentes: 75% trabalho, 5% social, 10% familiar, 3% voluntariado, 5% diversão e 2% "tempo para mim".

Você pode achar que gasta mais ou menos tempo em cada seção.

MAPA DE VIDA

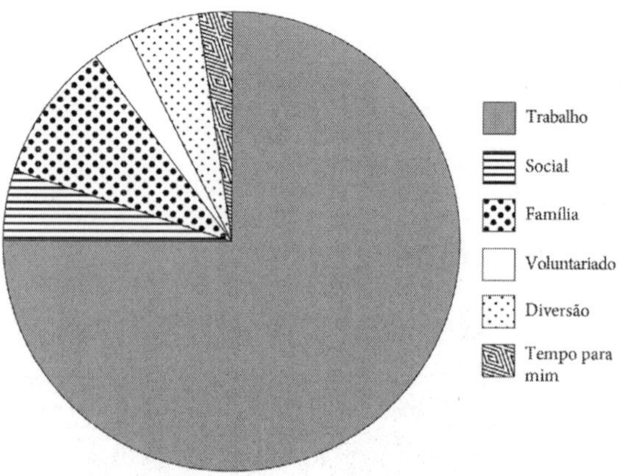

Agora, desenhe seu próprio mapa de vida, descrevendo como gasta seu tempo atualmente. Use os temas que forem apropriados para você.

MEU MAPA DE VIDA ATUAL

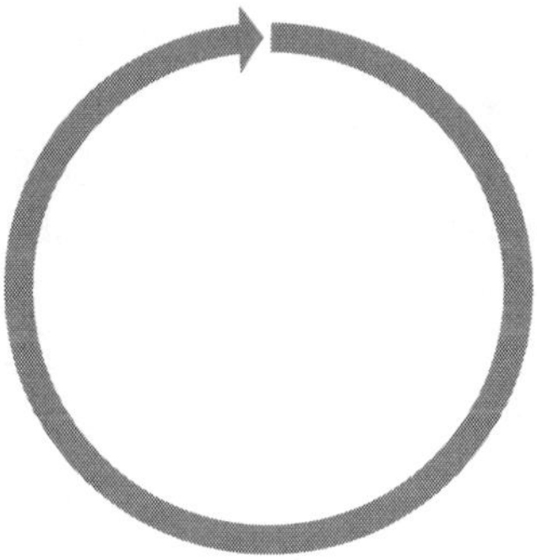

Antes de pensar no seu mundo "ideal", considere se usou os temas certos anteriormente. No mapa "ideal" a seguir, você também pode incluir algo novo que não esteja atualmente na sua vida, ou até mesmo remover algo do mapa anterior.

MEU MAPA DE VIDA IDEAL

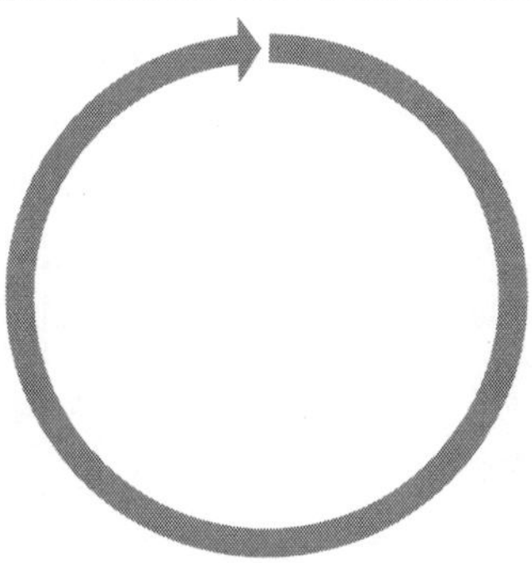

Reflexão. Considere o que estas duas ilustrações lhe dizem sobre si própria e, por favor, seja honesta consigo no processo de avaliação. Você tem compartimentos distintos para trabalho, lazer e família ou eles se misturam? Houve uma época, há alguns anos, em que as pessoas que possuíam uma empresa trabalhavam à noite e nos fins de semana, mas a maioria dos trabalhadores parava de pensar em trabalho depois das cinco, seis ou sete horas. Hoje em dia, as linhas entre trabalho e casa são muito mais tênues, as horas de trabalho são muito mais longas em algumas profissões e cada vez mais temos aquilo que poderíamos descrever como uma "vida de quebra-cabeça", em que simplesmente pegamos o nosso trabalho e o inserimos em nossa família e nossas férias. Muitas mulheres lutam para manter tudo funcionando bem e acabam sem tempo para si mesmas. Ser a mãe perfeita e a funcionária perfeita é invariavelmente um ato de malabarismo complicado, então tenha cuidado para não tentar fazer muito em cada parte de sua vida. Seja realista em vez do impossível "perfeita", como descrito no filme de Hollywood *Não sei como ela consegue.*

Você também pode pensar sobre como gasta seu tempo em relação ao trabalho preenchendo o breve questionário a seguir:

Declaração	**Sim, não, às vezes**	**Observações**
Geralmente trabalho mais de quarenta horas por semana		
Geralmente trabalho entre quarenta e cinquenta horas por semana		
Geralmente trabalho mais de cinquenta horas por semana		
Geralmente trabalho durante o meu horário de almoço		
Geralmente não tiro todos os dias de férias que tenho direito		
Geralmente levo trabalho para casa		

Geralmente fico conectada via celular e e-mail o tempo todo		
Está feliz com essa situação? Se não estiver, o que pode fazer sobre isso?		

A tecnologia deveria ter nos ajudado com esses dilemas, mas é evidente que tornou nossas vidas piores a esse respeito; nos restaurantes de Londres (e sem dúvida em muitas outras cidades do mundo) é comum encontrar casais comendo e também usando seu telefones, tablets ou iPads para se manterem atualizados com o que está acontecendo no trabalho. Como explicou uma gerente sênior (do varejo):

"Não sei como lidamos com isto. Não tenho quase nenhum tempo livre, pois tenho o meu próprio negócio e as ligações de trabalho do meu marido começam às sete horas da manhã e continuam até ele ir para a cama. Não é de se admirar que as minhas filhas não queiram a vida que eu tenho!"

É fácil dizer que é preciso trabalhar de forma mais inteligente para lidar com esses problemas. O difícil é colocar isso em prática, e muitas mulheres com quem conversamos falaram sobre como é ainda mais difícil para as mães trabalhadoras.

"Decidi trabalhar em meio período, apenas quatro dias por semana, para poder passar tempo com a minha filha. Quase todas as minhas amigas trabalham de forma integral e estão tentando lidar com o impossível. Pelo menos eu posso desligar o meu celular, mas elas não, e seus clientes e chefes esperam que atendam ligações 24 horas por dia. Sei que perdi em termos de rendimento e perspectivas de carreira, mas sinto que fiz a escolha certa."

Os empregadores poderiam, evidentemente, fazer muito mais para reconhecer estas questões, criar melhores políticas e proporcionar um sistema mais flexível que construa carreiras de meio período.

"Minha empresa se comporta como se toda mulher prestes a tirar licença-maternidade fosse a primeira a fazer isso! E quando ela volta é a mesma coisa, tudo aqui é uma batalha e é organizado propositadamente para ser assim, mas conheço outra empresa do ramo com um ambiente muito mais positivo para os pais que trabalham."

Agora que você completou as reflexões anteriores, pense sobre o que quer da vida na caixa de comentários a seguir. Os resultados podem não facilitar a leitura; sabemos, pelas sessões de coaching, que se as pessoas se sentem presas por circunstâncias de trabalho ou familiares, muitas vezes suprimem quaisquer pensamentos sobre o que realmente gostariam de fazer. No entanto, é importante ser honesta sobre o que está acontecendo na sua vida. Você não precisa mudar, necessariamente. O aspecto valioso é compreender-se melhor e saber o que a motiva e energiza.

Complete o exercício a seguir:

Minha vida atual versus minha vida "ideal"
O que tenho que quero preservar:
O que tenho que quero mudar:
Uma ação que posso tomar para iniciar esse processo de mudança — e quando:

A seguir, reflita sobre as pessoas à sua volta, do lado esquerdo, liste as pessoas que a ajudam a pensar sobre a sua carreira e sobre o que pretende do seu trabalho. Estes são os seus apoiadores, admiradores e ajudantes.

Do lado direito estão aqueles que não estão ajudando. Podem ser críticos, ou talvez você tenha um parceiro ou família que tenta lhe afastar do que você gostaria de fazer. Um exemplo da nossa pesquisa é um parceiro que "não gostava dos momentos em que eu trabalhava à noite e quando tinha de viajar para longe de casa."

Meus apoiadores de carreira — no trabalho e em casa	Meus críticos de carreira — no trabalho e em casa

Suas reflexões sobre o exercício acima

Esperamos que isso tenha lhe ajudado a pensar em sua situação atual e no que está acontecendo com você. Na próxima parte deste capítulo, vamos olhar mais de perto onde você está em sua carreira.

PARTE 2: SOBRE SUA CARREIRA

Quando você pensa em sua jornada profissional até agora — quer esteja no início, no meio ou no final da carreira — também é bom pensar sobre o que gosta no trabalho que faz. Primeiramente, preencha a coluna da esquerda (o que você gosta) e depois considere o que isso lhe indica, por exemplo, é uma lista longa ou curta? Se é uma lista muito curta, será que talvez você não esteja no trabalho errado? Podem existir outros empregos que seriam mais gratificantes.

Depois de ter gastado algum tempo com o que gosta, preencha a coluna da direita (o que você não gosta).

O que eu gosto do meu trabalho	**Anotações**	**O que eu não gosto do meu trabalho**	**Anotações**

Muitas das mulheres que entrevistamos começaram sabendo o que queriam fazer, como ser uma atriz, mas grande parte de nós "cai" naquele lugar indeterminado de "indecisa", ou flutuamos pela vida sem nenhum plano.

Quando olhamos para o passado, podemos ver quão influentes podem ser os modelos que inspiram as mulheres. Se elas não existem em sua empresa, ou em seu setor, isso definitivamente faz com que as mulheres mais jovens acreditem que seja mais difícil chegar ao topo. Os comentários de Liz Bingham — que agora é sócia da Ernst & Young — ao *The Guardian* mostram esse ponto. Também destacam as múltiplas barreiras que as mulheres podem enfrentar nas carreiras modernas.

Um grande exemplo do passado é o da violoncelista Jacqueline du Pré, que durante os anos 1960 inspirou uma geração de mulheres mais jovens a assumir a música clássica como uma profissão, algo que não tinha acontecido antes. Virginia Wade, que ganhou o título de tenista solo feminino em Wimbledon em 1977, e também ganhou o de personalidade esportiva do ano na BBC Awards nesse mesmo ano, entusiasmou muitas mulheres mais jovens. E a americana Chris Evert também inspirou uma geração de mulheres nos anos 1990. Um equivalente moderno seria talvez a medalhista de ouro olímpica Jessica Innes-Hill, a maestrina Marin Alsop ou algumas CEOs, como Kate Swann, que esteve na WHSmith, e Carolyn McCall, da EasyJet.

Pense no seu setor ou no seu ramo de negócios, nos seus familiares e amigos e nas mulheres que são modelo para você e para a sua geração.

Mulheres que são modelos para mim

Talvez você também queira perguntar a algumas das pessoas ao seu redor, aquelas que conhece bem e em quem sente que pode confiar. Talvez um chefe de uma empresa anterior, seu parceiro, ou um amigo que tem estado por perto ao longo dos anos enquanto você passava por diferentes empregos. Você também pode tentar responder a estas perguntas sobre si mesma:

- Estou no lugar/ trabalho/ cargo/ função/ setor/ empresa certos?
- Como os outros me veem? Por exemplo, tenho reputação de alguém que trabalha arduamente e acrescenta valor?
- Quais são as minhas fraquezas, e será que isso importa?
- Quais são os meus pontos fortes? Eu os aproveito ao máximo?
- O que acho que seria possível de conseguir se me concentrasse?

PARTE TRÊS: ESCOLHAS DE CARREIRA QUE VOCÊ PODE ENCONTRAR

Um dos pontos interessantes sobre as escolhas de carreira, ou talvez devêssemos dizer, bifurcações ou estágios da vida, é que muitas vezes é mais fácil para outra pessoa reconhecê-las do que para nós mesmas. Talvez a história a seguir ajude a ilustrar este ponto:

"Treinei muitas vezes outras mulheres na minha empresa. Estive envolvida na criação de um programa de desenvolvimento e estou realmente interessada no poder do coaching. Muitas vezes posso ver quando as mulheres atingem um ponto-chave da sua carreira, por exemplo, elas têm quatro ou cinco anos de experiência em bons projetos, um período como líderes de equipe e poderiam ficar onde estão e adquirir ainda mais experiência, mas... sei que se passarem os próximos anos em um lugar diferente na empresa, por exemplo em um cargo internacional, isso realmente vai acrescentar valor ao seu currículo e fazer uma grande diferença no seu potencial de carreira."

Claro que, em algumas empresas, este tipo de aconselhamento e apoio está disponível, e ouvimos alguns exemplos das entrevistadas do nosso estudo. No entanto, dificilmente nos deparamos com tais histórias, e esta é claramente uma área em que os empregadores poderiam dar muito mais apoio e aconselhamento às mulheres. Há mulheres mais jovens que precisam ter essa visão do todo para poderem desenvolver um currículo adequado, mas precisam do aconselhamento de outras que tenham mais experiência em diferentes partes da empresa. É aqui que o *networking* de mulheres dentro da empresa pode ser tão valioso. Você conhece pessoas em diferentes estágios de carreira dentro do trabalho e pode, portanto, começar a perceber o que é necessário para "chegar até aqui".

Os seguintes exercícios são projetados para ajudá-la a refletir sobre sua carreira. O primeiro trata da situação atual, mas o segundo, que talvez aborde o aspecto mais importante, é para olhar alguns anos à frente.

Minha carreira atual

Onde estou agora	Algumas das escolhas de carreira que tomei para chegar a esse ponto (e como isso me ajudou)

Minha carreira no futuro

Onde gostaria de estar em cinco anos	Algumas das escolhas de carreira que tomei para chegar até esse ponto (e como isso me ajudaria)

Você também pode fazer uma avaliação semelhante se preferir usar estágios da vida, como mostramos a seguir.

Minha carreira

Onde estou agora e as escolhas de carreira que fiz para chegar a este ponto	**Escolhas de carreira que eu poderia fazer para ir mais longe (e como isso me ajudaria)**
Início de carreira: millennials e geração Y, 20-30 anos	
Meio de carreira: 30-40 anos	
Carreira estruturada: Baby boomers, 50-60+ anos	

Faça uma dessas escolhas — talvez um acontecimento recente para que tudo esteja fresco em sua mente — e considere o que aconteceu:

- Qual foi o dilema que enfrentou, e por que era importante?
- Quem mais foi afetado pela sua decisão — parceiro, família, colegas, etc?
- Quem lhe deu conselhos e apoio durante este tempo?
- Quais foram os *insights* (ou aprendizado) que pôde tirar disso (pense nos de curto prazo, bem como nos de longo prazo)?

Outra forma de aprender sobre si mesma e seus valores é considerar os contratempos de carreira que já experimentou. Eles muitas vezes revelam muito sobre nós, uma situação ruim pode, às vezes, nos tornar mais fortes, mais determinadas e mais resilientes, ou nos fazer encontrar qualidades que não sabíamos que tínhamos. Um artigo recente de uma revista perguntou a várias mulheres famosas pelo que elas tinham passado e o que tinham aprendido com a experiência. Como mostrado nos dois exemplos a seguir, é possível ganhar algo de bom com o que parece ser, no momento, uma experiência muito ruim. A propósito, também notamos em nosso coaching que a habilidade de aprender com uma experiência ruim é uma habilidade valiosa para se ter, pois isso a ajuda a avançar na vida.

Seja intimidada, e volte mais forte — Jude Kelly, diretora artística do Southbank Centre. Jude enfrentou sua dificuldade quando já tinha um cargo sênior. Há uma suposição de que o bullying só acontece com pessoas de nível júnior, mas isso pode acontecer em qualquer momento da sua carreira. Uma mulher que respondeu à nossa pesquisa destacou algo semelhante quando já era diretora no setor público. "Demorei algum tempo a perceber o que estava acontecendo, mas quando troquei para outro chefe que se comportava de forma semelhante, soube logo o que estava acontecendo"

"Sinta-se além da sua capacidade" foi o conselho dado por Jay Hunt, diretora criativa do Channel 4. Não é o que se pode esperar, mas há um importante ponto de aprendizagem a partir disso. Aos 22 anos, Jay era da equipe de redação em um cargo júnior. No entanto, um novo editor que não sabia nada sobre suas experiências anteriores deu-lhe uma grande oportunidade, que ia além da sua capacidade, e embora fosse assustador, ela conseguiu. "Não há nada mais poderoso do que alguém acreditar que você consegue fazer algo, mesmo que **você mesma** não acredite que possa realizar."

Exemplos de bifurcações de carreiras

Os exemplos a seguir são retirados do nosso questionário e ilustram uma série de questões fundamentais. Pode ser interessante considerar se alguma destas situações se aplica a você no momento, são elas:

- candidatar-se ou não a uma promoção;

- sua primeira oportunidade de liderança de equipe;
- um cargo internacional;
- trabalhar com alguém que você admira;
- os primeiros cinco anos de sua carreira;
- receber uma nova oportunidade fora da sua zona de conforto;
- chegar a um patamar de carreira: há muitos momentos em que a sua carreira pode se estabilizar ou estagnar, e você pode precisar se reinventar ou olhar para funções diferentes em outros setores. No entanto, uma mulher, que é atriz, disse:

"Eu não posso imaginar ninguém estagnado como ator no meio da carreira, o ramo simplesmente não irá segurá-la. O meu conselho seria: não deixe que isso seja tudo. Se você tiver sorte, pode fazer outras coisas associadas à atuação, como coreografia, atuação corporativa, direção, produção, escrita, tudo isso mantêm o aperfeiçoamento de suas habilidades e fazem com que você continue sendo parte desse ramo, pois o mundo é sua oficina. Mesmo os atores mais ocupados fazem outras coisas. Não fique acomodada esperando, pois isso lhe fará enlouquecer! Se você é uma mulher de certa idade, saiba que uma grande parte das competidoras já desistiu. É uma carreira muito difícil de sustentar. Estar em turnê não é conducente à vida familiar ou qualquer tipo de vida. Os custos são elevados com muito pouco apoio estruturado. É uma carreira terrível. Uma carreira maravilhosa. Não me arrependo de nada."

Encontrar o seu caminho em um ramo como esse, ou em uma profissão tão competitiva, pode ser igualmente difícil e gratificante. O ponto importante, talvez, seja entender quanta resiliência é necessária para uma carreira em áreas como, por exemplo, direito, jornalismo, modelagem, atuação, editoração e pesquisa acadêmica. Nunca subestime o quanto você precisa desenvolver suas competências para permanecer na carreira que escolheu. Há muitos textos sobre como é difícil ser um empreendedor — e é verdade —, mas também ouvimos falar muito nas nossas entrevistas e em nossa pesquisa sobre a dificuldade e os maus momentos de manter uma carreira em ambientes, setores, empresas, profissões e indústrias diferentes.

PARTE QUATRO: OS DESAFIOS DE CARREIRA ENFRENTADOS PELAS MULHERES E AS FORMAS DE SUPERÁ-LOS

Há tantas histórias inspiradoras que é difícil saber quais escolher. Um livro recente de Azi Ahmed, por exemplo, destaca sua jornada ao abandonar o papel tradicional paquistanês que sua família desejava para ela, e entrar para a aeronáutica como recruta do Special Air Service (SAS), no Reino Unido, até se tornar conselheira escolar e se candidatar ao parlamento de Rochdale. Ela foi do primeiro grupo de mulheres a entrar na SAS, por isso talvez os dois lados tenham se sentido nervosos! Algumas das mulheres que entrevistamos para este livro ilustram determinação e foco de muitas maneiras diferentes. A primeira, que voltou a trabalhar no Reino Unido, teve cinco grandes mudanças de carreira na vida, trabalhando na Grécia e em Bruxelas, e é empresária com a sua própria e bem-sucedida empresa de formação.

Outra mulher que entrevistamos para este livro é agora diretora de fotografia freelancer, e sabia desde os quinze anos que queria trabalhar em filmes. No entanto, ela seguiu um caminho não convencional, se não único, que incluiu um tempo como operária de obra e como conferencista.

Este capítulo tenta oferecer uma avaliação de sua carreira atual — uma auditoria de carreira mais detalhada pode ser encontrada no capítulo um. Juntos, eles oferecem perspectivas diferentes — por exemplo, observe as etapas de carreira mostradas a seguir e considere a sua situação.

Diferentes gerações e carreiras para as mulheres

Estágios de vida e de carreira	Idade	Situação profissional para as mulheres
Os **baby boomers** nasceram até ao início dos anos 1960 (o nome vem da situação da época — quando a taxa de natalidade aumentou).	Acima de 55	Muitas mulheres dessa geração tinham oportunidades de carreira limitadas: trabalho administrativo e de escritório,

Estágios de vida e de carreira	Idade	Situação profissional para as mulheres
Nos Estados Unidos e na Europa, este grupo considera-se especial — diferente da geração anterior — porque se beneficiou do boom do pós-guerra e das novas liberdades. (**Representam 36% da força de trabalho do Reino Unido.**) Muitos baby boomers se beneficiaram dos esquemas de profissionalização na empresa: Unilever, Macmillan Press, BT e Marks & Spencer tinham esses programas. Havia uma lealdade entre os trabalhadores e a empresa.		o ensino e a enfermagem eram as ocupações habituais. Poucas mulheres aspiravam a ser gerentes, e muitas desistiam do trabalho quando tinham filhos. "A cônjuge" era um termo dado às mulheres que seguiam os passos tomados pelos maridos.
A **geração X** é a seguinte, nascida entre o início dos anos 1960 e o início dos anos 1980. Tendo visto o que aconteceu com seus pais na década de 1980, perdendo seus empregos por meio de demissões e redução de pessoal, veem as carreiras de forma diferente. Tendem a mudar de emprego regularmente e são muito menos "leais". Têm altas expectativas de promoção e/ ou se mudam frequentemente porque ficam entediados. Muitos dos que nasceram nessa geração não experimentaram segurança no trabalho, então a sua abordagem é mais dinâmica:	35-55	Maiores oportunidades de carreira para as mulheres. O equilíbrio entre trabalho e vida privada é importante. Os casais com carreiras duplas tornam-se mais comuns.

Estágios de vida e de carreira	Idade	Situação profissional para as mulheres
os postos de trabalho são simplesmente um passo para chegar a outros lugares. Eles inventaram o "ano sabático"? Provavelmente, pois este termo foi usado pela primeira vez na década de 1970, para o tempo tirado depois da universidade e antes de começar a trabalhar, geralmente por um ano, para viajar. (**São 35% dos trabalhadores.**)		
A **geração Y**, ou millennials, nascida do início da década de 1980 até o início da década de 2000. Alguns ainda estão entrando no mercado de trabalho. Conhecida como a "geração *techie*", eles, provavelmente, representarão quase metade da população ativa até 2020. Enquanto os baby boomers preferem uma relação "olho no olho", os millennials preferem e-mail, mensagens eletrônicas e Facebook, em vez de falar ao telefone ou pessoalmente. Essa geração busca um crescimento pessoal e profissional interessantes. No entanto, não tendem a ficar em um emprego	15-35	Esta geração se beneficiou em ter pais baby boomers, muitos dos quais foram pioneiros como casais de dupla carreira. Também vale a pena dizer que uma das principais lições aprendidas com os seus pais foi a importância do equilíbrio entre a vida profissional e familiar (tanto para homens como para mulheres). As mulheres desta geração têm mais oportunidades profissionais, mais independência e mais possibilidades de escolha do que qualquer geração anterior. No entanto, ainda existe a disparidade salarial e muitas desigualdades no local de tra

Estágios de vida e de carreira	Idade	Situação profissional para as mulheres
por muito tempo — muitas vezes apenas até dois anos — e muitos estão interessados em tirar um tempo para viajar ou outras atividades de desenvolvimento pessoal. Isto significa que os níveis de rotatividade dos profissionais dessa geração podem ser superiores aos dos outros grupos etários. **(São 20% da força de trabalho.)**		-balho entre homens e mulheres. Mas nem tudo é um mar de rosas. Millennials que se graduaram na escola e aqueles que se formaram a partir de 2007 tiveram que lidar com uma das piores recessões econômicas desde a década de 1930. Isso tem tido um efeito significativo na capacidade de encontrar empregos e, portanto, na sua lealdade às organizações
Estágios de vida e de carreira	**Idade**	**Situação profissional para as mulheres**
Geração Z, nascida desde meados da década de 2000 e ainda em fase escolar, mas é próxima geração da força de trabalho...	Até 10 anos de idade	Ainda não há o que dizer

Também vale a pena pensar em qual seria o seu conselho para o seu eu mais jovem, você pode estar na casa dos vinte anos agora, mas por vezes aprendemos rapidamente sobre a nossa vida profissional. Uma das entrevistadas da pesquisa, alguém na casa dos trinta anos que dirige a própria empresa, disse:

"Faça o mesmo que tem feito, em especial:

- seja positiva e otimista;
- seja apaixonada pelo que faz;

- faça coisas (não tenha medo de cometer erros);
- esteja preparada para fazer algo arriscado, mesmo que as hipóteses de sucesso pareçam ser de 5%."

Outra mulher, em seus quarenta anos, que tem uma carreira internacional em uma multinacional:

"Eu me diria para articular minhas próprias expectativas: clara e estruturalmente. E certamente conseguir um mentor, não tenha vergonha de pedir ajuda e conselhos em qualquer fase!"

RESUMO

Esperamos que agora você enxergue alguns objetivos de carreira. Pergunte a si mesma: você consegue ver algumas mudanças imediatas em seu emprego que melhorariam sua vida profissional e pessoal? Veja a seção de recursos de carreira adiante para mais algumas sugestões. Você também consegue enxergar alguns objetivos de carreira de longo prazo?

Você tem uma visão realista da carreira que deseja? Por exemplo, você pode sonhar em ser uma atriz, mas um dos fatos que precisa saber é que há cerca de 90% de desemprego nessa profissão, e até mesmo muitos atores de sucesso lutam para encontrar seu próximo papel no teatro, cinema ou TV. É muito difícil.

Música, modelagem ou jornalismo também são lugares notoriamente difíceis para construir uma carreira. Georgia May Jagger (filha de Mick Jagger e Jerry Hall), por exemplo, começou a ser modelo em 2008, e em 2009 ganhou o prêmio de Modelo do Ano no British Fashion Awards, mas há muitas, muitas outras que começaram a ser modelo ao mesmo tempo que ela e não tiveram tanta sorte.

E, finalmente neste capítulo, um pouco sobre oportunidades. Se lhe for oferecida uma oportunidade, então pense sobre, considere todas as razões pelas quais **deve** aproveitá-la e, em seguida, agarre-a. As mulheres têm, frequentemente, a tendência oposta, pensam em todas as razões pelas quais **não podem fazer algo**. Cuidado para não cair nessa armadilha do "pensamento negativo", que pode ser tão destrutiva.

- Uma mulher que conhecemos contou-nos a sua história. Ela tinha todas as habilidades e paixão para começar o próprio negócio como *personal trainer*, mas se sentia mais confortável ficando com seu emprego de tempo integral, trabalhando em algo que não gostava. Você pode achar que isso é uma escolha sensata e cautelosa que está fazendo, afinal, por que perder um salário e arriscar abrir sua própria empresa? Mas há muitas opções intermediárias, como usar os sábados para experimentar ideias de negócio e construir uma base de clientes. Começar uma turma noturna com objetivos semelhantes para ver se as pessoas se interessam. Outra opção poderia ser encontrar um amigo com ideias parecidas para trabalharem juntos... e há outras.

Seja ambiciosa e, é claro, lembre-se do valor de fazer o seu trabalho de casa e de se certificar de que está bem informada para qualquer encontro de negócios, apresentações ou entrevistas. Uma mulher a quem foi oferecida uma entrevista inesperadamente em uma grande empresa passou todo o tempo que tinha até a data aprendendo sobre a companhia:

"Não sabia, naquela altura, se queria ou não o emprego, mas sabia que queria impressioná-los na entrevista. Eu li tudo sobre a empresa que consegui encontrar para aprender o máximo possível sobre eles."

A lista seguir é uma amostra de uma gama de recursos disponíveis, capazes de ajudá-la. Não há dúvida de que existem muitos outros recursos, só queríamos destacar o tipo de ajuda disponível.

Recursos para carreira

Green Careers for Dummies, de Carol McClelland. Hoboken: Wiley Publishing, 2010.

Banking & Investments Career Guide, 12ª edição. Org. Michael Hennessy, "Inside Careers". Disponível em: <www.insidecareers.co.uk>.

The Great Mid-Life Career Switch: 15 Important Tips to Help you Change Careers at Half-Time, de Gordon Adams. Oxford: Infinite Ideas Ltd., 2010.

Becoming a Personal Trainer for Dummies, de Melyssa St. Michael e Linda Formichelli, Hoboken: Wiley Publishing, 2004.

Vault Guide to the Top 50 Accounting Firms, ed. de 2016, de Derek Loosvelt, 2015. Disponível em: <www.vault.com>.

Se você estiver interessada em uma carreira como desenvolvedora em negócios startup, procure em: <www.workshape.io>, uma empresa de combinação de talentos online para tecnologias startups.

"*The Times* top 50 employers for women 2013", veja o link do site Opportunity Now: <http://opportunitynow.bitc.org.uk>.

Como se tornar uma médica: veja o link do site da Associação Médica Britânica em http:// bma.org.uk.

Se tem interesse em desenvolver uma carreira como médica hospitalar ou clínica geral, esteja ciente de que provavelmente será uma longa caminhada e envolverá um mínimo de cinco anos na universidade, seguidos por vários anos de treinamento prático.

E não se esqueça de verificar as associações profissionais da sua área. Sempre vale a pena procurar por artigos ou livros que possam ajudá-la, por exemplo, Adrian Dobson, diretor do Royal Institute for British Architecture (RIBA), publicou um livro em 2014 chamado *21 Things You Won't Learn in Architecture School.*

Para saber mais sobre a carreira de psicologia você pode, por exemplo:

1. Buscar amigos e colegas, e procurar por amigos de amigos.
2. Descobrir quais são as melhores faculdades de psicologia. Há muitas áreas diferentes em que você poderia trabalhar, como o trabalho social, desenvolvimento infantil, saúde mental e psicologia ocupacional, e todas trazem diferentes possibilidades de carreira e diferentes ambientes de trabalho.
3. Veja os recursos disponíveis do corpo profissional, BPS

(British Psychological Society). Há eventos para estudantes, conferência geral anual, bem como conferências especializadas, tais como a conferência anual de psicologia ocupacional e informação de carreira. Ver http://careers.bps.org.uk.

A Law Society tem uma divisão de advogadas com recursos e eventos gratuitos. Também oferece cursos para ajudar as mulheres que estão voltando à ativa, aquelas que estiveram um tempo afastadas e agora querem retomar a profissão, e há também grupos regionais, por exemplo em Bristol, que oferecem apoio local. Ver http://communities.awsociety.org.uk.

Mulheres na publicidade: www.adwomen.org.

Federação de mulheres médicas: www.medicalwomensfederation.org.uk.

Women in Film and Television UK: www.wftv.org.uk.

Se você pertence a qualquer *network* de mulheres, deve ser capaz de encontrar recursos similares.

O MindTools.Com é um recurso online que ensina mais de mil habilidades que a ajudam a se destacar no trabalho. Tente pesquisar no site www.mindtools.com.

Os TED Talks são um excelente recurso online que promovem ideias que valem a pena difundir. Dê uma olhada em www.ted.com/talks.

Skills You Need é um site gerido por profissionais experientes que compartilham seus conhecimentos e experiências para ajudar os outros. Dê uma olhada em www.skillsyouneed.com.

Lembre-se, o mais importante...

...é que nunca é tarde demais para mudar de carreira ou para decidir que está no caminho errado. Sabemos de uma mulher na casa dos quarenta anos que passou de uma carreira corporativa para um cargo sênior no National Trust, e outras mudanças de carreira incluem:

- Uma mulher que recentemente criou o próprio negócio de floricultura e aprendeu tudo o que precisava saber sobre flores assistindo vídeos no YouTube.
- Outra que passou de especialista em marketing a profes-

sora de línguas, e agora, na casa dos cinquenta anos, está trabalhando em sua terceira carreira, tecendo e tingindo os próprios tecidos para usar na confecção de chapéus, bolsas e joias exclusivas. Ela também está praticando *spinning*.

- Uma recém-nomeada bispa de Gloucester (Rachel Treweek) iniciou a sua carreira profissional como terapeuta da fala e trabalhou no NHS durante seis anos antes de se tornar vigária.

4

Habilidades e qualidades essenciais para o sucesso profissional

COMPETÊNCIAS-CHAVE E HABILIDADES PROFISSIONAIS

PESSOAL:

Autoconfiança
Proatividade
Foco em resultado
Flexibilidade
Colaboração
Autocrença
Consciência emocional
Lidar com ambiguidade
Articulação

RELACIONAMENTO:

Habilidades interpessoais
Desenvolvimento de pessoas
Motivar os outros
Construção de relacionamentos
Trabalho em equipe
Lidar com conflitos

ESTRATÉGICO:

Influenciar
Lidar com mudanças
Solucionar problemas
Inspiração
Inovação
Liderança

CARREIRA:

Resiliência
Trabalho em *networking*
Gerenciamento de impressão
Ambição
Determinação
Consciência emocional
Habilidades técnicas

Um dos temas que muitas mulheres que entrevistamos e pesquisamos pontuaram foi ter certo conjunto de habilidades e qualidades para o sucesso em sua área de negócios específica.

Identificamos uma série de diferentes habilidades e qualidades que parecem contribuir para o sucesso de um indivíduo no trabalho. Obviamente, esta não é uma lista completa, no entanto, baseia-se no que muitas mulheres no mercado de trabalho nos dizem e no que ouvimos durante nossa pesquisa, coaching, ensino e consultoria.

Dividimos as habilidades e qualidades em quatro áreas de competências principais: pessoal, relacionamento, estratégica e carreira.

Nos capítulos que se seguem, vamos olhar para cada uma dessas quatro áreas de competência e fazer um exame detalhado de cada uma das habilidades e qualidades individuais. Descreveremos o que contribui para o sucesso e faremos sugestões para que você desenvolva a sua capacidade nessa habilidade ou qualidade.

Será útil consultar o tópico de auditoria de competências e habilidades que aparece no capítulo um antes de começar a ler os quatro capítulos seguintes. Isso permitirá que você estruture sua leitura em torno das habilidades e qualidades que atenderem melhor o seu desenvolvimento ou que mais lhe interessam. Lembre-se, seu desenvolvimento é sobre suas necessidades atuais, bem como as habilidades e qualidades que vai precisar para progredir em sua vida profissional.

Por exemplo, examine sua auditoria de competências e habilidades concluídas no capítulo um, e você descobrirá que é mais benéfico focar nas habilidades e qualidades que destacou como áreas de desenvolvimento. Isto significa que para obter o melhor dos quatro capítulos seguintes você só irá focar em certos tópicos de cada capítulo.

Nosso conselho é focar naquelas áreas que você acredita serem de importância significativa para si e para seu sucesso, não tente lidar com muitas.

5
Habilidades e qualidades pessoais essenciais

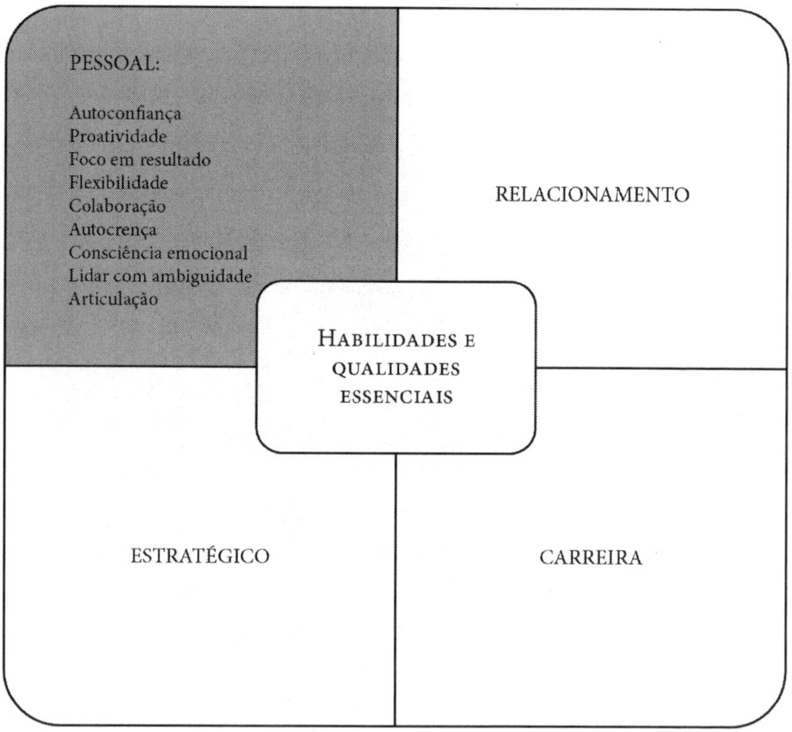

Identificamos nove habilidades e qualidades pessoais que acreditamos que fazem a diferença na sua vida profissional diária e que contribuirão para o sucesso da sua vida profissional. Muitas dessas habilidades e qualidades pessoais se sobrepõem entre si, portanto, trabalhar para desenvolver algumas delas contribuirá para desenvolver sua capacidade em outras.

HABILIDADES E QUALIDADES PESSOAIS

- **A autoconfiança** é a capacidade mencionada com mais frequência pelas mulheres de nossa pesquisa como a área que mais precisa de desenvolvimento e, acima de tudo, é provavelmente a capacidade mais importante de sucesso em muitos aspectos das nossas vidas.

Aqui está uma amostra de alguns dos comentários feitos. Primeiro, quando perguntadas sobre barreiras, as entrevistadas disseram:

"Uma das minhas maiores barreiras eram minhas crenças e confiança autolimitantes."

"Perder a autoconfiança tem sido a maior barreira na minha vida profissional. Tinha em abundância na casa dos vinte anos, mas de alguma forma perdi."

"A maioria das barreiras que enfrentei tem sido em torno da autoconfiança e de encontrar a minha voz."

Quando perguntadas sobre conselhos que dariam ao seu eu mais novo, disseram:

"Não deixe a falta de autoconfiança lhe impedir, experimente, não importa se você falhe ou tenha sucesso!"

"Seja confiante, acredite em si mesma, isto ajuda os outros a acreditarem em você."

"Não se preocupe tanto, tenha confiança."

Externamente, a autoconfiança é demonstrada pelo comportamento que você usa ao interagir com os outros, o que você diz, como o diz, sua linguagem corporal e a impressão geral que causa. No entanto, ser autoconfiante é mais complexo do que simplesmente usar o comportamento que dê aos outros a impressão certa. Para ser verdadeiramente autoconfiante, você deve demonstrar ao mundo *e* sentir em si mesma.

Algumas pessoas são autoconfiantes em algumas situações, enquanto acham difícil demonstrar em outras. Por exemplo, muitas vezes ouvimos das pessoas que elas são autoconfiantes quando interagem com a família, amigos e colegas próximos, mas quando têm que se comunicar com pessoas que não são conhecidas, acham muito mais difícil ter confiança — essas pessoas podem ser clientes, chefes, compradores ou colegas mais experientes. Para outros, não são as pessoas, mas a situação que enfrentam, por exemplo, quando se apresentam a um grupo, quando falam em uma conferência, ao conhecer alguém novo, ou mesmo ao tentar ser ouvida em uma reunião. Seja qual for a situação, é possível melhorar a sua confiança.

CONSTRUINDO A CONFIANÇA

Desenvolver e demonstrar autoconfiança muitas vezes têm relação com suas atitudes: estar ciente de seus pontos fortes e fracos (veja o exercício de análise SWOT no capítulo um) para que você possa demonstrar e capitalizar suas forças enquanto também encontra maneiras de desenvolver suas fraquezas, e operar a partir de um estado de espírito otimista em que você evita falar mal de si mesma, o que tende a ser tóxico e desmoralizante. Por exemplo, ter um diálogo interior que plante em sua mente sementes de dúvida sobre sua habilidade afetará sua autoconfiança interna e externamente. É muito melhor desenvolver um diálogo interno dizendo a si mesma coisas como: "Eu posso fazer isso, tenho as habilidades e a capacidade" ou "Eu vou tentar, o que de pior pode acontecer?"

Trabalhar com uma mentalidade positiva requer prática e determinação, mas trará lucros a longo prazo.

Há três influências adicionais importantes para a autoconfiança. A primeira é a sua capacidade de planejar e se preparar para as várias situações que enfrenta em sua vida e carreira. É impossível se preparar para todas as situações, mas, se você estiver ciente dos principais desafios que tem em relação à autoconfiança, então poderá mitigá-los concentrando-se no planejamento e na preparação. A segunda é o desenvolvimento de conhecimentos e habilidades: aproveitar a oportunidade de desenvolver suas competências e conhecimento em áreas onde você sabe que é fraca aumentará bastante sua autoconfiança. A terceira é pensar em ter um apoio nos primeiros dias em que você está experimentando algo novo. Essa pessoa pode estar lá para encorajá-la, dar-lhe feedback e até mesmo fornecer uma rede de segurança se as coisas derem errado.

Em nossa pesquisa, muitas mulheres indicaram que investir em no próprio desenvolvimento foi um grande impulso para sua confiança, por exemplo:

"Eu fui patrocinada pela minha organização para fazer um MBA que tem sido um enorme impulso à minha confiança."

"Eu me concentrei no desenvolvimento das minhas competências e no aproveitamento do maior número possível de oportunidades de aprendizagem."

Reflexão. Pense em situações básicas que você enfrenta na sua carreira ou vida: por exemplo, conhecer novas pessoas, presidir uma reunião, fazer uma apresentação, gerir uma situação difícil, assumir novas responsabilidades, lidar com pessoas de cargo mais elevado, expressar-se em público, influenciar os outros, dizer não, lidar com situações ambíguas etc. Se a confiança é um problema, você achará útil trabalhar com um coach, mentor ou rede de apoio. Ao fazer isso, será capaz de trabalhar em conjunto para identificar maneiras práticas e realistas de melhorar.

Uma mulher incrível que compreendeu a importância da confiança para as mulheres é Stephanie Fierz, que foi diretora de uma escola de meninas por dezenove anos. Uma de suas alunas, Claudia Rosencrantz (criadora do programa de TV *I'm a Celebrity...*), disse sobre ela:

"Você nos encheu de confiança e nos aceitou como cada uma de nós éramos..."

Um livro recente de Kay e Shipman chamado *The Confidence Code: The Science and Art of Self Assurance: What Women Should Know* explora esta área com mais detalhes.

• Proatividade

Ter iniciativa tem relação com ser uma empreendedora independente que toma medidas para fazer com que as coisas aconteçam para alcançar os objetivos. Ser proativa e tomar o controle de qualquer situação irá diferenciá-la da maioria, e fazer isso com sua gestão de carreiras só lhe trará lucro no futuro.

As pessoas que têm iniciativa tenderão a agir sem serem solicitadas e a apresentar ideias originais e novas para resolver problemas e desafios. Tendem a fazer mais do que lhes é exigido, assumindo frequentemente responsabilidades adicionais para ajudar a desenvolver a sua carreira e aumentar a sua visibilidade. As proativas procurarão sempre a próxima oportunidade interessante e irão se perguntar como podem aproveitar ao máximo qualquer situação para aprender e se desenvolver.

Por exemplo, em uma de nossas entrevistas com uma mulher que é profissional sênior de desenvolvimento organizacional do SNS, ela falou sobre ser competitiva consigo mesma. Isto levou-a a "usar sua iniciativa para tratar das coisas",

sempre buscando possibilidades para se envolver em projetos importantes e eventos de aprendizado e desenvolvimento, o que iria melhorar a sua visibilidade na organização e, finalmente, melhorar suas perspectivas de desenvolvimento de carreira. Essas possibilidades incluíam participar na Operação Raleigh, organizar e gerir eventos de desenvolvimento para colegas, enviar seu currículo para possíveis empregadores e buscar em sua rede por contatos que poderiam ajudá-la a encontrar novas oportunidades de carreira.

Certas características pessoais podem ser associadas às pessoas que utilizam a proatividade, incluindo:

- autoconfiança;
- tenacidade e determinação;
- articulação e paixão;

- ser questionadora e curiosa;
- independência;
- foco para o desenvolvimento;
- resiliência.

Muitas das mulheres que responderam nossa pesquisa mencionaram a iniciativa como uma das principais áreas que tiveram de demonstrar para gerir a sua carreira e alcançar as suas ambições.

Algumas das coisas que disseram foram:

"Gostar de desafios e ter caminho e visão claros."

"Demonstrar dedicação, confiança e assumir responsabilidades que podem mudar lentamente a mentalidade dos outros."

"Pura determinação e entrega acima e além dos objetivos."

A capacidade de usar a iniciativa é uma das principais características que muitos empregadores buscam hoje, portanto, o tempo gasto trabalhando nas características mencionadas anteriormente será valioso para o seu sucesso futuro. Isso é particularmente valorizado pelos empregadores atuais, porque no nosso mundo cada vez mais competitivo e tecnológico, eles precisam de pessoas que estejam dispostas a trabalhar independentemente, pensar por elas mesmas e lidar com situações complicadas sem esperar por instruções.

Reflexão. Reflita sobre sua capacidade atual nesta área e planeje como pode demonstrar e usar iniciativa em sua função atual. Use as seguintes perguntas como um gancho.

Uso de proatividade — Avaliação pessoal

PERGUNTA	ANOTAÇÕES
quando usei a proatividade na minha carreira até o momento?	
Que oportunidades aproveitei nos últimos anos para ser proativa no meu trabalho?	

Pensando em algum momento em que usei minha proatividade, que habilidades e qualidades eu usei?	
A minha empresa (ou chefe) me estimula ativamente a ter iniciativa? Se não, por quê?	
Em uma escala de 1 a 10, até que ponto estou confiante em ter iniciativa no meu cargo atual? Por quê?	
Que reconhecimento tive por ser proativa?	
O que eu poderia fazer para demonstrar iniciativa? Que passos posso dar agora?	

- **Foco em resultado**

As pessoas focadas em resultado estão empenhadas em cumprir objetivos e metas, cumprir prazos e garantir que os projetos em que estão envolvidas sejam finalizados. Elas irão superar obstáculos, trabalhar com outros e garantir que os objetivos do negócio sejam alcançados.

A maioria dos empregadores está reconhecendo que é o foco nos resultados que impulsiona o sucesso do negócio, em vez de trabalhar longas horas e simplesmente estar presente. Muitas pessoas agora trabalham de casa ou virtualmente, por isso há uma maior consciência de que o foco em resultados é uma competência essencial para o sucesso. Para os funcionários, isso significa saber o que se espera deles, priorizando e organizando para garantir que possam alcançar suas metas e objetivos no prazo e com a qualidade acordada.

Mais do que isso, também é importante compartilhar seus resultados com outros para ajudar a promover suas capacidades e sucesso. Estar focada em resultados é apenas um aspecto dessa habilidade; você também deve estar disposta a promover seus resultados, como suas conquistas. Muitas mulheres mencionaram esse aspecto da vida profissional como uma barreira ao seu sucesso, especialmente quando não foram formalmente reconhecidas pelas suas conquistas e resultados.

Algumas das coisas que as nossas entrevistadas disseram foram:

"Tive dificuldades de promoção em termos de reconhecimento dos resultados da pesquisa. Fui desfavorecida em detrimento de candidatos com menos financiamento e publicações de menor prestígio. Resolvi isso me mudando para outra instituição."

"Permaneci muito tempo em uma empresa e progredi de júnior em RH para diretora sênior, mas ainda assim fui considerada por alguns como uma 'novata' e não recebi o respeito merecido pelos resultados que alcancei."

"Por não fazer barulho o suficiente sobre os meus sucessos desde o início, vi outros (principalmente homens) serem promovidos antes/ acima de mim. Passei a relatar as áreas do meu trabalho em que tinha tido sucesso à gerência sênior durante conversas ou reuniões de atualização. Já não presumo que vão simplesmente reparar no brilhante trabalho que estou fazendo."

Achamos que muitas mulheres são particularmente boas em serem focadas em resultado. Foi relatado, tanto nas entrevistas como na pesquisa, que para obter um bom equilíbrio e estar à altura das múltiplas exigências de seu tempo, priorizar, ser organizada e focada nos resultados são pontos importantes tanto na vida profissional quanto na pessoal. O problema para muitas parece ser fazer com que os outros saibam desse sucesso de uma maneira eficaz, sem serem consideradas orgulhosas ou arrogantes. Assim, em vez de esperar que as pessoas simplesmente reconheçam suas conquistas, talvez valha a pena pensar em como você pode promovê-las de forma eficaz. Por exemplo, durante as avaliações de desempenho, fale não só sobre os resultados, mas também sobre o impacto que eles tiveram. Da mesma forma, ao fazer ou preparar o seu currículo, certifique-se de promover as suas conquistas de forma bastante clara.

Reflexão. Pode ser útil refletir sobre como manter as pessoas do seu *networking* atualizadas sobre seus resultados e conquistas. Você deveria fazer isso com mais frequência? Está satisfeita com o nível de reconhecimento que obtém pelos seus resultados? Se não, o que mais você pode fazer para garantir que os outros estejam cientes de seus resultados e conquistas?

Embora tudo isso seja importante ao estar focada nos resultados, também é vital frisar que você não deve se esquecer de manter e construir seu foco de relacionamento e garantir que tanto sua equipe quanto seus chefes sejam mantidos informados dos objetivos e metas.

- **Flexibilidade**

Flexibilidade é ser adaptável a diferentes situações, estilos de trabalho e padrões de comportamento. A mudança é inevitável, portanto, ser flexível na maneira com que trabalha irá ajudá-la a trabalhar e ter sucesso no ambiente de negócios de hoje.

A flexibilidade exige que você esteja disposta a adaptar as próprias atitudes e comportamentos para melhor gerenciar qualquer situação e pessoas envolvidas nela. Para demonstrar adaptabilidade, você terá que usar boas habilidades de comunicação, consultando outras pessoas para explorar ideias, ouvindo ativamente o seu ponto de vista e demonstrando que você se adaptou e aprendeu novas maneiras de fazer as coisas. Isso a ajudará a se tornar um agente valioso neste mundo onde muitas pessoas têm dificuldade em lidar com mudanças, muitas vezes são rígidas em suas formas de operar e não experimentam novas ideias.

Também vale a pena notar que, por vezes, as mulheres sentem que estão sendo muito acolhedoras e flexíveis com os outros. O truque é conseguir o equilíbrio certo.

Reflexão. Você pode usar o questionário a seguir para avaliar a sua capacidade de flexibilidade e adaptação.

Teste de flexibilidade

Leia as perguntas a seguir e avalie-se em uma escala de um (não muito) a cinco (sempre), depois faça anotações sobre o porquê das suas pontuações		
Perguntas	**Pontuação**	**Anotações**
Eu me adapto facilmente a situações e ambientes em mudança?		

Sou sempre receptiva às ideias e pontos de vista dos outros?		
Estou feliz por aceitar novos desafios a curto prazo?		
Gosto de aprender novas habilidades e técnicas?		
Gosto de manter uma mente aberta?		
Gosto de me dividir entre projetos diferentes e multitarefas?		
Estou entusiasmada com o desafio da mudança?		
Eu flexibilizo a minha abordagem aos outros para dar espaço ao seu comportamento e forma de trabalhar?		
Olhando para as suas respostas, o que isso lhe diz sobre a sua flexibilidade e adaptabilidade? Faça anotações.		

A flexibilidade é mais uma atitude da mente do que uma habilidade, e há algumas coisas que você pode fazer para desenvolver e demonstrar que é capaz de mudar e flexibilizar. Estas incluem:

- Mostrar vontade de experimentar novas formas de fazer as coisas e assumir novas tarefas e projetos.
- Quando você estiver trabalhando em um ambiente que está mudando, demonstre que está explorando maneiras de fazer as mudanças funcionarem em vez de simplesmente reclamar sobre a mudança.
- Estar preparada para se afastar de um plano estabelecido e predefinido para acomodar novas informações ou ideias.
- Mostrar resiliência e uma atitude positiva para lidar com o inesperado.

Colaboração

Ser colaborativa significa trabalhar com os outros em parceria para alcançar um objetivo comum. Os verdadeiros colaboradores demonstram uma capacidade de perseguir as metas da equipe, bem como metas pessoais. Não se trata apenas de falar com os outros, mas de realmente ouvir o que eles dizem e depois trabalhar em equipe para chegar a um resultado mutuamente aceitável. Normalmente, as pessoas que colaboram bem gostam de trabalhar em equipe, desenvolver relacionamentos e trabalhar com outros.

Sua tendência para o trabalho colaborativo pode ser relacionada ao ambiente; com isso queremos dizer que certas culturas nacionais e organizacionais são mais propensas a trabalhar de forma colaborativa do que outras e, portanto, isso pode afetar as preferências e habilidades de um indivíduo. Claro que eles também podem ser afetados pela sua personalidade. Dito isto, é possível aprender e desenvolver habilidades e processos de trabalho colaborativo.

Algumas das principais características e competências demonstradas pelas pessoas que têm preferência pela colaboração incluem:

- Consultar e questionar os outros para averiguar suas perspectivas sobre vários assuntos com os quais você está lidando coletivamente.
- Ouvir ativamente o que os outros têm a dizer e engajar-se em um diálogo para explorar e trabalhar em conjunto.
- Estar disposta a admitir que não tem todas as respostas. Você pode ter uma perspectiva sobre um assunto, mas perceber que outras pessoas também terão ideias. Adotar abordagens como *brainstorming* e outros processos criativos de resolução de problemas e trabalho em equipe.
- Manter as pessoas atualizadas, compartilhando informações, reconhecendo que o conhecimento e a informação ajudam as pessoas a desempenharem sua melhor capacidade. Compartilhe o que você sabe com outras pessoas em vez de acumular informações para melhorar o seu status.

Uma técnica colaborativa que achamos muito útil em nosso trabalho como consultoras é aplicar o processo a seguir quando nos reunimos com outras pessoas para explorar um problema com elas, a fim de chegarmos a um acordo sobre o caminho a ser seguido ou o plano de ação.

Um processo de trabalho colaborativo e de resolução de problemas

Etapa 1. Antes da reunião, faça com que todos os participantes (geralmente este processo funciona melhor com até oito pessoas) conheçam o assunto em discussão. Diga isso de forma clara e sucinta. Por exemplo, "O objetivo da reunião é desenvolver ideias e acordar propostas para apresentar medidas de desempenho adequadas para gestores e equipe ao conselho de administração".

Etapa 2. Faça com que todos saibam que serão convidados a trazer as próprias ideias e estejam dispostos a compartilhá-las no grupo.

Etapa 3. A reunião

Repita o propósito e lembre às pessoas do tempo disponível, de novo, clara e sucintamente. Você pode deixar as informações visíveis em um quadro ou tela.

Divida o tempo disponível em três partes e distribua o tempo de forma apropriada (por exemplo, se você tiver duas horas, pode gastar quarenta minutos em compartilhamento individual, cinquenta minutos em discussão e trinta minutos estabelecendo o plano de ação). Parte um, compartilhamento individual; parte dois, discussão; e parte três, concordando com o caminho a seguir/ plano de ação.

Durante este processo, há dois papéis a serem desempenhados. O coordenador que garante que todos obedeçam às regras (por exemplo, falar por um máximo de cinco minutos, sem que ninguém interrompa). E o escriba, um facilitador externo ou integrante do grupo que fará anotações breves das ideias de cada pessoa. Geralmente é melhor se estas notas forem visíveis para todos durante o processo, por isso pode ser uma boa ideia usar um quadro ou um cavalete.

Na primeira parte, a cada pessoa é atribuída uma faixa de tempo. Por exemplo, com oito pessoas e quarenta minutos no total, cada pessoa teria cinco minutos. Durante este tempo, cada uma declara a sua perspectiva e ideias sem interrupções ou perguntas. O escriba faz anotações breves das ideias-chave de cada integrante.

Na segunda parte, o coordenador (ou líder do projeto) resume o que foi compartilhado até o momento (nesta fase, muitas vezes descobrimos que há muito em comum, o que significa que vocês podem se concentrar nas diferenças em vez de gastar tempo com coisas que já concordam) e, em seguida, gerencia uma discussão em grupo para explorar as áreas onde há alguma discordância ou variação de opiniões. Durante este momento, bons processos interativos são aplicados, questionamento, escuta (ininterrupta), resumo e teste de compreensão.

Na terceira parte, o líder do projeto resumirá o que foi acordado por meio do processo. Nesta fase, se as pessoas concordaram em continuar a trabalhar sobre a questão, então, a fim de obter o seu consentimento para a ação e garantir que todos estão de acordo, cada pessoa deve ser convidada a dizer o que vai fazer e até quando. Essa declaração verbal garante que tudo está em aberto e partilhado.

Uma etapa final, após o encontro, pode ser o envio de notas de reunião a todos os envolvidos, resumindo o que foi acordado e o caminho a seguir.

Este tipo de processo colaborativo tem benefícios significativos. O fato de que todos têm a oportunidade de partilhar as suas ideias em um fórum aberto, e ninguém tem mais tempo de fala do que os outros, é particularmente bom para os membros mais silenciosos de qualquer grupo, ou em grupos onde os diferentes níveis organizacionais estão representados. O uso deste tipo de técnica demonstra que você está disposta a ouvir os outros e a levar suas ideias em consideração, com isso você estará incentivando outros a usar processos colaborativos.

Técnicas como essa são úteis em muitas situações, mas não necessariamente em todas. Também vale a pena dizer que, mesmo usando esse tipo de processo colaborativo, chega um momento em que alguém ou um pequeno grupo tem que assumir a responsabilidade e administrar o caminho a seguir. O verdadeiro benefício, porém, é que você tem um grupo de pessoas com que trabalhou e que sentem que você as escutou e trabalhou de forma colaborativa.

Reflexão. Avalie sua habilidade nesta área completando o questionário a seguir.

Quão colaborativa eu sou?

Olhe para cada uma das afirmações abaixo e avalie sua habilidade na área. Pontue-se em uma escala de um a cinco, em que um é não habilidosa e cinco altamente habilidosa.	
Declaração	**Pontuação**
Eu crio facilmente uma relação com os outros.	
Eu escuto ativamente os outros.	
Eu encorajo comportamentos cooperativos de colegas e membros da equipe.	
Eu me esforço para conseguir o apoio dos outros.	
Eu gosto de envolver os outros.	
Eu construo consenso e trabalho para obter resultados mutuamente aceitáveis.	
Eu reconheço e valorizo as contribuições dos outros.	

<table>
<tr><td>Eu procuro criar um terreno comum.</td><td></td></tr>
<tr><td>Eu encorajo a partilha e o diálogo entre mim e os membros da equipe.</td><td></td></tr>
<tr><td>Eu tenho curiosidade em conhecer a perspectiva dos outros sobre as questões.</td><td></td></tr>
<tr><td colspan="2">Resumo. Olhando para as pontuações, quanto mais quatro e cinco você marcar, mais colaborativa será. Você também pode usar o espaço abaixo para fazer anotações sobre o desenvolvimento de suas habilidades colaborativas.</td></tr>
</table>

- **Autocrença**

Juntamente com a confiança, é a capacidade mais mencionada pelas nossas entrevistadas como a área que lhes causa mais problemas. Algumas mulheres falam sobre simplesmente não acreditarem nas próprias capacidades, muitas vezes estando "à espera de ser descoberta."

Outras dizem que acontecimentos no trabalho (ou até mesmo na vida) têm consequências sobre a sua autocrença.

"Uma das minhas maiores barreiras eram as minhas crenças limitantes. Sempre tive que trabalhar nisso em minha vida profissional."

"Minha dúvida sobre minha capacidade de contribuir em um nível sênior e um conservadorismo sobre como me candidatar a empregos seniores. (superei me candidatando e conseguindo um emprego sênior)."

"A falta de segurança em si mesma é uma adversária perigosa nas decisões de carreira."

"Conversas tóxicas que tive comigo mesma me levaram a duvidar de mim, não me posicionar, não me impulsionar e, até mesmo, a dizer às pessoas que não sou suficientemente boa para uma oportunidade que me ofereceram."

No entanto, para além destas observações negativas, muitas consideram também que:

"A crença em si mesma é (um dos) ingredientes mais poderosos para conseguir um emprego."

Se você é uma dessas pessoas que têm pouca fé em si mesma ou que às vezes luta com problemas para acreditar em si, você não está sozinha, e esta é uma área que pode ser trabalhada e desenvolvida.

Então, o que é autocrença? O dicionário diz: "confiança em si mesmo e na sua capacidade". Em grande parte, a autocrença vem de dentro de nós. Todas nós temos a capacidade de ter autocrença, mas isso pode exigir um pouco de trabalho, uma mudança de atitude e foco. Uma das primeiras coisas a fazer é entender por que sua fé em si mesma é baixa. Em nossa pesquisa, ouvimos muitas razões, inclusive:

- educação deficiente;
- diversas questões relacionadas com a educação;
- discriminação no trabalho;
- ser recusada para promoção;
- ser demitida;
- falta de feedback positivo em casa ou no trabalho;
- uma combinação de diferentes questões envolvendo uma série de acontecimentos ruins no trabalho e em casa.

Compreender a causa raiz dos seus problemas de confiança irá ajudá-la a superá-los e a trabalhar para melhorar.

Algumas das coisas que podem ser feitas para mudar sua atitude em relação a si mesma e desenvolver autocrença incluem:

- **Controlar as conversas negativas que tem consigo mesma**, aqueles pensamentos que você tem sobre si que podem se transformar em um "autofalar" tóxico e a enviarão para uma espiral descendente. Então, em vez de se concentrar no negativo, por que não pensar no positivo? Talvez fazer uma lista de todas as coisas que alcançou durante o curso deste ano/ década ou todas as grandes coisas que aconteceram com você — o que funcionar melhor. Mudar sua mentalidade é o primeiro passo para melhorar a autocrença. Então, concentre-se no positivo.

- **Concentre-se nas pessoas da sua vida** — todas elas — familiares, amigos e colegas. Quem são as pessoas que a apoiam e ajudam, e quem são as que a arrastam para baixo, aquelas que veem o copo meio vazio? Esteja ciente de quem a energiza e evite as sugadoras de energia.
- **Estabeleça metas**. Não há nada tão gratificante e estimulante quanto alcançar um objetivo, especialmente um que todas nós achamos que não poderíamos alcançar — talvez um esportivo, como correr uma meia maratona, ou um de trabalho, como se candidatar e conseguir uma promoção. Para nós, foi escrever um livro e publicá-lo. Atingir seus objetivos e concentrar-se em como você o realizou ajudará enormemente na construção da autoconfiança.
- Como diz Jennifer Capriati,

"Os sonhos tornam-se realidade se você continuar acreditando em si mesma. Tudo é possível,"

e Bear Grylls,

"As forças especiais me deram autocrença para fazer algumas coisas extraordinárias na minha vida. Escalar o Everest e depois cimentar a minha crença em mim mesmo."

Nem todas podemos nos tornar jogadoras campeões de tênis ou alpinistas, mas todas podemos estabelecer metas para nós mesmas e alcançá-las. Muitas vezes também vale a pena começar devagar: dê pequenos passos, pois cada pequena vitória é revigorante.

Pense na impressão que está criando. Quando encontra e cumprimenta as pessoas, o que você diz, como o diz, o que a sua linguagem corporal e impressão facial implicam? Olhar e parecer confiante afeta a forma como os outros reagem a nós e, por sua vez, afeta os nossos níveis de confiança e segurança. Aqui estão algumas dicas para quando você encontrar e cumprimentar as pessoas:

- Expressão facial, sorrir ao conhecer as pessoas indica confiança e sucesso, e é mais fácil do que franzir as sobrancelhas!
- Pense em sua postura, fique reta, com os ombros para trás.
- Olhe para a pessoa, faça contato visual.
- Vista-se de forma apropriada e confortável.
- Ao apertar as mãos (sim, sabemos que é um pouco clichê), lembre-se: dê um firme aperto de mãos, não um de quebrar ossos nem um de mão mole!
- Planeje o que você irá falar para que esteja pronta a iniciar uma conversa.
- Pergunte aos outros sobre a sua "imagem". Às vezes é surpreendente descobrir a diferença entre o modo como nos vemos e o modo como os outros nos veem.

Algumas dessas dicas se aplicam a muitas situações interpessoais. A questão importante é estar sempre ciente da impressão que está criando, pois isso afetará a maneira como os outros a tratam e, por sua vez, afetará o que você sente sobre si mesma.

Lembre-se, trabalhar em sua fé em si mesma requer esforço e foco; pode ser um desafio, e ninguém mais pode fazer isso por você.

Reflexão. Como você se classificaria em relação à fé em si mesma — digamos que um signifique muito baixa ou sem autoconfiança, e dez signifique autocrença extremamente alta, esse não é problema para você. Se for baixa, estabeleça uma meta de, digamos, passar de três para cinco — o que você pode fazer, como vai fazer isso e em que prazo? Lembre-se, um dos principais desafios é ter metas e conquistas, e celebrá-las. Ao dar pequenos passos para melhorar, é mais provável que você consiga e construa sua autocrença à medida em que for avançando.

• Consciência emocional

Trata-se de reconhecer seu estado emocional e o dos outros. É também sobre estar consciente dos seus diversos sentimentos e de como eles afetam o seu comportamento. A consciência emocional é mais do que simplesmente ter boas habilidades de comunicação, é sobre:

- Reconhecer suas emoções e como elas afetam seus pensamentos e comportamento.
- Compreender o que suas emoções estão lhe dizendo e reagir adequadamente à situação.
- Estar ciente de seus "gatilhos" emocionais e como gerenciá-los para garantir resultados efetivos e relacionamentos de boa qualidade.
- Identificar como suas emoções afetam as pessoas com quem você interage.
- Reagir e identificar as emoções dos outros.
- Ter a capacidade de desenvolver e manter relacionamentos saudáveis e de boa qualidade em todos os aspectos de sua vida.

Reflexão. Há algumas coisas simples que podem ser feitas para analisar sua inteligência emocional e também para desenvolver sua habilidade nessa área. O seguinte exercício lhe ajudará a avaliar sua inteligência emocional:

Leia as declarações na tabela a seguir e avalie sua capacidade. Se você sente que precisa desenvolver sua consciência emocional, pode experimentar algumas das ideias que se seguem.

Teste de consciência emocional

	Indique sua capacidade: Sim/ Não/ Não sei
Eu identifico minhas respostas emocionais para a maioria das situações enquanto estou passando por elas	
Eu lido com os contratempos e as críticas de uma forma construtiva	
Eu adapto minhas emoções, pensamentos e comportamento para corresponder à situação	

Estou ciente do impacto e da impressão que estou criando nos outros	
Acho fácil ler as emoções das outras pessoas e adaptar o meu comportamento em conformidade	
Eu demonstro controle emocional quando necessário	
Posso compreender e identificar os meus próprios sentimentos	

As seguintes ideias podem ajudá-la a desenvolver a sua capacidade:

- Reflita sobre algumas situações interpessoais recentes e concentre-se em como você se comportou, como se sentiu e como respondeu aos outros. Descreva suas respostas emocionais à situação. O que estava sentindo? A sua resposta foi construtiva, apropriada e eficaz? Como os outros reagiram a você? O debate e o processo foram produtivos? O objetivo neste tipo de reflexão é estabelecer se você tem a capacidade de lidar com as próprias reações no momento e adaptar seu comportamento para assegurar que o processo interpessoal seja eficaz e construtivo.
- Desenvolva o hábito da auto-observação e comece a avaliar como você reage a diferentes tipos de pessoas e situações. Concentre-se em identificar suas respostas emocionais e gatilhos em várias ocasiões para que possa se adaptar e ajustar de acordo. A consciência é metade da batalha.
- Quando você estiver em situações emocionalmente carregadas, pergunte-se como está se sentindo — tente descrever o sentimento. Isso a ajudará a entender suas reações, possíveis respostas e, muitas vezes, os gatilhos que podem desencadear um resultado excessivamente emocional. Aprender a entender seus sentimentos e como eles impulsionam seu comportamen-

to pode levar a um melhor controle emocional e, por fim, a relacionamentos de trabalho mais eficazes.

- Pratique o reconhecimento das emoções dos outros estando completamente atenta durante a conversa. Mantenha contato visual e procure pistas na expressão facial, linguagem corporal, escolhas de palavras e estilo de resposta para ajudá-la a avaliar o estado emocional da pessoa. Isso lhe auxiliará a planejar a sua reação para garantir um processo e resultado eficazes.
- Peça a outras pessoas de confiança que lhe deem feedback sobre seu comportamento e como ele afeta o processo de discussões. Habituar-se a pedir e receber feedback é, por si só, demonstrar uma boa consciência emocional. Naturalmente, também depende de prestar atenção a esse feedback, adaptando-se quando necessário.

Há muitos livros sobre consciência emocional, e o autor Dan Goleman é um dos principais colaboradores nesta área. Seu livro *Inteligência emocional* introduz o leitor às principais teorias e práticas em torno da consciência e inteligência emocional. Se esta é uma área que você sente que precisa desenvolver, então pesquise alguns de seus trabalhos. Há também um novo livro da nossa colega, a dra. Kerrie Fleming: *The Leader's Guide to Emotional Agility*, que foi escrito especificamente para ajudar os gerentes em atuação a se desenvolver nessa área.

• Lidar com ambiguidades

Na vida e no ambiente de trabalho complexos, incertos e em constante variações de hoje, ter a capacidade de lidar com mudanças é vital na gestão dos relacionamentos e da carreira. Muitas de nós falamos em aceitar e desfrutar da mudança. O que nos desagrada é a incerteza e a ambiguidade associadas à mudança.

Os principais indicadores da capacidade de lidar eficazmente com as ambiguidades são: ter a habilidade de se adaptar com facilidade, assumir novos desafios e enfrentar riscos, lidar com o desconhecido e ser capaz de tomar decisões quando se pode enxergar apenas parte do todo. Lidar com a ambiguidade é sobre suas reações diante da incerteza e da mudança. Você tem uma postura "ok, vamos ver o que conseguimos fazer", ou questiona cada coisa, colocando barreiras até se sentir confortável? Com qual comportamento você se identifica?

Alguns tipos de personalidade consideram lidar com mudanças algo mais desafiador do que outros. Se você for uma dessas pessoas, que tendem a gostar de estrutura e ordem em sua vida, provavelmente achará as situações de mudança mais desafiadoras do que aquelas que tendem a se sentir confortáveis e animadas com a incerteza e as variações. No entanto, mesmo para pessoas muito estruturadas, é possível mudar a mentalidade.

Conforme você se desenvolve em sua carreira, passando para cargos mais altos, sua experiência irá, naturalmente, ajudá-la a lidar com alguns níveis de mudança; no entanto, no mundo de hoje há sempre novos desafios aparecendo, o que significa que você muitas vezes terá que lidar com novas ideias, situações e circunstâncias, por exemplo, em novos mercados, diferentes culturas, estruturas organizacionais e mudanças de quadro, especialmente em cargos mais elevados, para citar alguns.

Reflexão. Pense nos últimos doze meses e identifique um momento em que teve de lidar com uma situação de ambiguidade. Reflita sobre:

- seus sentimentos e emoções enquanto você estava lidando com isso;
- o que você fez;
- o que ajudou/ atrapalhou o processo;
- o que foi aprendido com a situação.

Aqui estão algumas ideias para ajudá-la a entender e lidar com mudanças:

- Aceite que a vida hoje é muito menos certa do que parecia ser no passado. Raramente há respostas certas ou erradas para muitas situações, e às vezes fazer o seu melhor não é suficiente. Também, muitas vezes, é impossível esperar ter todos os fatos para tomar uma decisão. Ocasionalmente, erros são permitidos e podem ser, surpreendentemente, boas oportunidades de aprendizado.

- Embora planejamento seja ótimo, você também precisa estar preparada para adaptar seu plano para lidar com novas ideias e informações, sendo flexível e fazendo desvios de caminho quando necessário. Assim, ter outros planos e estratégias de backup é uma forma útil de lidar com algumas situações de mudança. Por exemplo, muitas vezes vemos pessoas que são surpreendidas ao terem o tempo que foi disponibilizado para uma apresentação reduzido — isso acontece mais do que se pode imaginar, portanto, não seja uma pessoa que precisa seguir um roteiro padrão. Tenha um plano reserva, trabalhe, quem sabe, a partir de um resumo do seu roteiro, para que consiga cobrir os elementos-chave, deixando de lado alguns detalhes. Como alternativa, tenha um slide com três pontos fundamentais para que possa recorrer caso seu tempo seja reduzido.
- Trabalhar e confiar nos outros. Compartilhe informações para ajudar a entender as situações e assim lidar com a incerteza e complexidade junto aos outros.
- Seja curiosa e questionadora para coletar o máximo de informação possível das pessoas em sua rede de contatos, mas saiba quando o tempo para perguntas acabou e é necessário agir.

- **Articulação**

Para uma mulher nos negócios, ser articulada ao se apresentar em reuniões e em qualquer situação interpessoal demonstrará confiança e competência. A habilidade nesta área também contribuirá para a criação e o desenvolvimento da sua reputação e credibilidade.

A articulação é a arte de ser capaz de se expressar de forma eloquente, fluente e clara. Isso permite que você segure a atenção e se envolva com o seu público, seja ele quem for. A maioria de nós é bastante articulada ao falar sobre algo que amamos, seja com nossos colegas de trabalho ou com nossos amigos. No entanto, em nossa pesquisa, muitas das entrevistadas falaram sobre situações em que, de repente, encontraram sua capacidade de articulação desafiada. Como, por exemplo, quando estavam muito preocupadas com o que o grupo pensaria sobre elas ou sobre a sua contribuição quando falavam a um grupo de homens de cargo predominantemente alto, quando se apresentavam em grandes eventos ou quando estavam em presença de quem as tratava com desdém ou então as colocava para baixo de alguma maneira.

Em nossa experiência, a articulação surge por meio de ter um controle do assunto, da preparação completa, da paixão sobre o tema e prática. Além disso, trata-se de suas habilidades de comunicação em termos de como você se envolve com um público, responde à atmosfera na sala, e usa sua voz e linguagem.

Há muitos exemplos de pessoas, aos olhos do público, que demonstram uma articulação excepcional, fazendo com que pareça fácil — e algumas são naturalmente dotadas —, no entanto, como disse Mark Twain, "normalmente leva mais de três semanas para preparar um bom discurso improvisado". Nao se deixe enganar por pessoas que fazem parecer fácil, pois, sem dúvida, elas já praticaram e aperfeiçoaram seu discurso ou participação para que saibam os pontos que desejam frisar sem precisar de anotações. Nunca tente improvisar... a preparação é realmente fundamental.

Reflexão. Certas situações são, naturalmente, mais desafiadoras do que outras. Exemplos incluem ser ouvida em uma reunião onde há muitas pessoas com pontos de vista e opiniões variados sobre o tema discutido, ou discursar em uma conferência ou grupo grande. Pense nos momentos em que sentiu que sua articulação foi desafiada. Como se sentiu? O que fez até agora? Como já dissemos muitas vezes antes, a conscientização é fundamental, e isso permite que você desenvolva algumas estratégias de enfrentamento.

As seguintes dicas experimentadas e testadas podem ajudar:

- Pratique com um amigo de confiança ou um público amigável.
- Antes de começar a falar, respire fundo para se concentrar.
- Certifique-se de que a sua postura é a mais correta possível, para dar à sua voz um timbre melhor. Por isso, se estiver sentada, fique reta, não caída na cadeira e, se possível, levante-se.
- Se estiver fazendo uma apresentação formal para um grupo,

demore alguns segundos, antes de começar a falar, olhando para o grupo e sorrindo. As pessoas vão sorrir de volta, e isto irá lhe relaxar, depois inicie.

- Se estiver falando em uma reunião, comece com uma declaração de ligação, por exemplo: "se eu puder explicar o meu ponto de vista..." ou "gostaria de acrescentar um ponto...". Isto dá aos outros participantes da reunião a oportunidade de se habituarem à sua voz antes que você comece a expor seus pontos principais.
- Pense sempre nas suas observações iniciais — as pessoas levam muito pouco tempo para decidir se vale a pena ou não ouvi-la, por isso, iniciar com uma declaração que atraia a atenção pode ser poderoso.
- Certifique-se de que sabe quais são os seus pontos-chave e tente manter contato visual com o seu público, quer seja apenas uma pessoa, em uma reunião ou com um grupo maior. Seja objetiva e sucinta. Declarações sem sentido e pausas hesitantes são completamente desnecessárias e dispersam a atenção.
- Permita que as pessoas lhe façam perguntas e prepare-se para isso, antecipando o que podem perguntar.
- Conclua com algo memorável.
- Se alguém a interromper ou falar enquanto você discursa ou termina as suas frases, experimente algumas das técnicas utilizadas pelos políticos — Margaret Thatcher foi boa nisto. Ouça e agradeça pela contribuição, mas depois continue, acrescentando "mas se eu pudesse apenas terminar o que estava dizendo". Técnicas como esta devem ser usadas com cuidado, pois podem ser vistas como combativas ou arrogantes.
- Se possível, faça um curso de treinamento para desenvolver a sua capacidade — não apenas um curso de habilidades de apresentação simples, embora isso vá ajudar, mas lugares como a RADA (Royal Academy of Dramatic Art), agora, promovem cursos para pessoas de negócios usando muitas das técnicas que são ensinadas aos atores. Veja o site: www.

radainbusiness.com.
- Acima de tudo, conheça o seu tema, planeje o que quer dizer e pratique.

Quando perguntamos às nossas entrevistadas sobre os conselhos que dariam ao seu eu mais jovem, muitas mencionaram essa habilidade:

"Aprenda a ser uma comunicadora assertiva e articulada sem se tornar agressiva."

"Não se preocupe tanto com o que as outras pessoas pensam de você e se certifique sempre de que a sua voz seja ouvida."

"Aprenda a ser muito boa em apresentações, elas atuarão como um espelho eficaz de suas capacidades."

6
HABILIDADES E QUALIDADES DE RELACIONAMENTO ESSENCIAIS

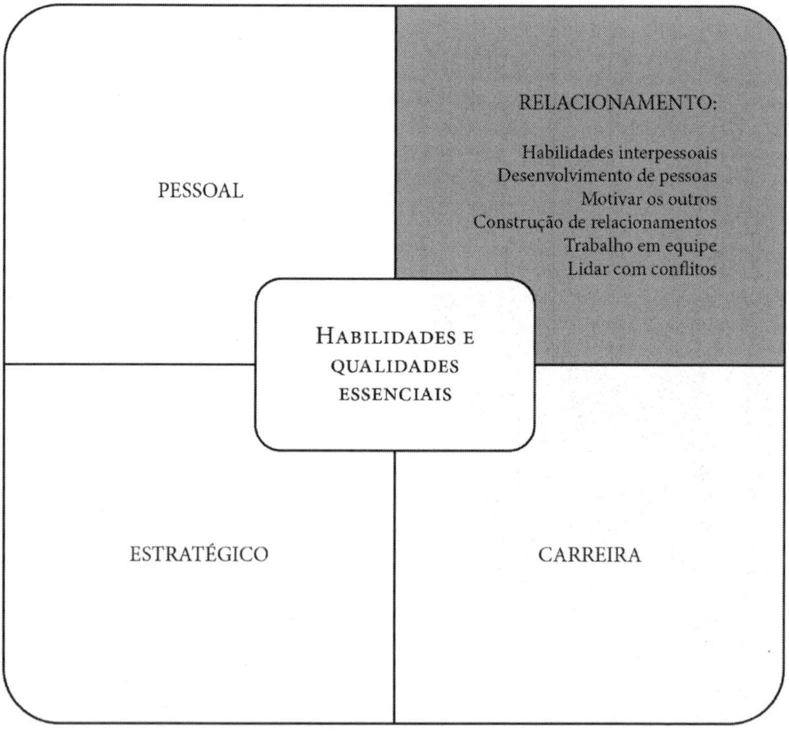

As habilidades e qualidades de relacionamento, muitas vezes referidas como habilidades sociais, fazem cada vez mais parte de todos os empregos, carreiras e profissões e são também reconhecidas como vitais para o sucesso. Acreditamos que não existam empregos em que as habilidades de relacionamento não agreguem valor. Identificamos o que acreditamos ser as seis principais habilidades a serem focadas. É claro que este é um tema enorme, e as seis habilidades e qualidades que selecionamos são um ponto de partida e irão se coincidir em alguns pontos em comum.

• **Habilidades interpessoais**

A habilidade interpessoal abrange uma gama de competências diferentes, todas contribuem para a forma como interagimos e nos comunicamos com outras pessoas e lhe auxiliarão a chegar à eficácia da maioria das outras habilidades. De muitas maneiras, a habilidade interpessoal é uma das qualidades básicas para o sucesso em sua vida pessoal e profissional e, normalmente, esta é uma área em que as mulheres são, frequentemente, vistas como tendo vantagem sobre os homens.

Quando as pessoas falam sobre estilos ou abordagens de liderança das mulheres, elas tendem a falar sobre sua capacidade em competências sociais, que as caracterizam como empáticas, sensíveis e interdependentes, muitas das quais são demonstradas pelo uso das principais habilidades interpessoais. Também é importante dizer que o entendimento do século XXI sobre liderança reconhece que essas habilidades e qualidades são necessárias para que homens e mulheres tenham sucesso nesta nova era. Naturalmente, elas precisam ser desenvolvidas e demonstradas juntamente com outras habilidades mais tradicionais para o sucesso, mas a capacidade nestas áreas-chave lhe dará um bom trampolim para operar.

As habilidades interpessoais mais importantes são:

• **Ouvir** — envolve concentrar-se ativamente no que as outras pessoas dizem e como o dizem. A escuta faz parte de um processo complexo que envolve, entre outras coisas, as outras quatro habilidades interpessoais. Por isso, quando estiver ouvindo, pergunte a si mesma: estou aceitando o que as outras pessoas estão dizendo, de verdade? As suas perguntas na conversa estão relacionadas com o que elas realmente disseram? Você já percebeu as pistas e os indícios indicados pela maneira como se expressaram, as nuances de como usaram a voz — tom, ritmo, timbre, pausas? Notou algum sinal de sentimentos ou emoções na comunicação não verbal? Você está demonstrando uma verdadeira consciência social ao usar toda a gama de suas habilidades de comunicação ao ouvir os outros?

Sua escuta também é afetada pela forma como você mesma está se sentindo e pelos seus pensamentos e ideias em relação ao assunto discutido. É muito fácil se distrair com seus próprios pensamentos e emoções ao escutar. Portanto, sem negar esses fatos, é importante focar e manter uma curiosidade positiva para garantir que você demonstre da melhor forma suas habilidades. Além disso, esteja ciente de que a multitarefa significa que você não está ouvindo com eficácia.

• **Interrogatório inteligente** — tem a ver com a coleta de informações e é a base para um diálogo bem-sucedido. Um bom questionamento também exige boas habilidades de escuta e observação para garantir que suas perguntas sejam adequadas e relevantes ao orador e ao tópico. Para um diálogo e uma conversa de boa qualidade, você deve ouvir o que a pessoa está lhe dizendo, e então usar as perguntas apropriadas para realizar uma das seguintes ações:

- obter mais informações;
- testar a sua compreensão;
- encorajar a reflexão e a exploração do tema;
- esclarecer uma questão;
- controlar a conversa.

Ao fazer perguntas, também é importante dar à outra pessoa a oportunidade de responder, por isso, nesse momento, use o silêncio de forma eficaz.

• **Comunicação não verbal** — refere-se à forma como uma pessoa usa a sua voz e a sua linguagem corporal em situações interpessoais.

Muito pode ser entendido do uso vocal de uma pessoa, então esteja atenta ao seguinte:

- Ritmo — velocidade com que uma pessoa fala: se for muito rápido, os outros podem não acompanhar, e se for muito lento, as pessoas vão perder o interesse.
- Tom — variação no tom e inflexão, que pode ser usado para ênfase e demonstração de energia e entusiasmo.
- Uso de pausa — as pessoas utilizam a pausa por várias razões: para reunir seus pensamentos, dar ênfase e transmitir confiança.
- Volume — a consciência do volume natural de uma pessoa é útil; algumas pessoas falam de forma mansa naturalmente, enquanto outras tendem a aumentar o volume. Não há certo ou errado; é simplesmente importante estar ciente do timbre natural de uma pessoa.

Há muitas publicações sobre linguagem corporal. A questão importante para o sucesso da habilidade interpessoal é estar ciente do conjunto de movimentos não verbais e se o comportamento não verbal está ou não em sincronia com a situação e o tópico. Portanto, preste atenção aos movimentos corporais, gestos de mãos e braços, contato visual, posturas e expressão facial. Mudanças repentinas podem indicar alteração de humor ou sentimentos do orador sobre a conversa. Por exemplo, se você notar uma pessoa levantando as sobrancelhas durante uma conversa, ou se tornando mais inquieta ou agitada, pode indicar que alguma coisa a influenciou.

• **Ter consciência social** é em grande parte sobre demonstrar empatia ao se comunicar. Empatia é ter a capacidade de levar em conta a perspectiva dos outros e de trabalhar ativamente com eles, adaptando-se e ajustando-se para garantir bons relacionamentos interpessoais. Você pode demonstrar, facilmente, empatia ao:

- ouvir ativamente.

- usar perguntas para testar a compreensão e explorar questões.
- parafrasear, esclarecer que você entendeu a perspectiva dos outros.
- Resumir para mostrar aos outros que você ouviu e compreendeu. Isto é importante, especialmente, para garantir que todos concordem com os próximos passos.
- Ajustar sua perspectiva ou pontos de vista como resultado da empatia.

A falta de empatia é uma das habilidades que muitas mulheres em nossa pesquisa mencionaram como uma barreira:

"A minha gerente não tem empatia ou simpatia por mim e também me faz sentir mal pelos meus fracassos."

Na verdade, parece que algumas gestoras e colegas são alvo de muitas críticas em termos de falta de empatia.

Reflexão. Todos os aspectos de habilidade interpessoal apresentados anteriormente podem ser desenvolvidos, e é importante ser honesta consigo mesma sobre seu nível de habilidade em qualquer um dos componentes-chave. Uma boa maneira de avaliar sua habilidade nesta área é pedir feedback. Portanto, selecione uma colega de confiança que a veja trabalhar em uma variedade de situações, peça que a observe durante esses momentos e lhe dê um feedback. Ao pedir a opinião de outras pessoas é sempre melhor dividir em áreas. Portanto, seja específica: peça feedback sobre suas perguntas durante uma reunião, depois, talvez em outro momento, peça para ela se concentrar na sua consciência do comportamento não verbal, e assim por diante.

- **Desenvolvimento de pessoas**

Isso envolve assumir a responsabilidade, ter uma predileção, desenvolver e treinar outras pessoas. Independentemente de ter ou não responsabilidade pelos outros, você ainda pode ter um foco no desenvolvimento e ajudar a si mesma e aos outros a se desenvolverem em seu cargo e carreira. As pessoas que são boas nisso demonstram um interesse genuíno pelos seus colegas e estão constantemente à procura de oportunidades de aprendizado no local de trabalho.

Muitas vezes essas pessoas atuarão como mentores ou treinadores e, se forem gerentes de linha, estarão cientes das habilidades, qualidades e ambições dos membros de sua equipe, apoiando-os ativamente no desenvolvimento futuro.

Desenvolver outros é mais uma atitude do que uma habilidade em si, embora, se você for considerada boa nessa área, sem dúvida possuirá muitas das habilidades interpessoais e de relacionamento em seu repertório. Você também deve estar ciente de que o compromisso de desenvolver pessoas ajuda na sua reputação na empresa como alguém que se preocupa com os outros e que os ajuda a se adaptar, ajustar e desenvolver para que alcancem o sucesso na organização.

Além de encarar isso como uma responsabilidade no trabalho diário, também é vantajoso assumir cargos mais formais de desenvolvimento como, por exemplo, coach ou mentor para outros na organização. Você também descobrirá que estabelecer e unir-se a um *networking* de aprendizado, tanto dentro quanto fora da sua empresa, ajudará.

Reflexão. Quando você tirou um tempo para ajudar os outros a se desenvolver? Você age como uma coach, mentora ou patrocinadora de outras pessoas? Poderia fazer mais a respeito? Lembre-se de pensar nisso em relação a toda a sua vida, não apenas à profissional.

Você certamente não quer ser uma dessas pessoas descritas por nossas participantes:

"Outros chefes que não querem que você tenha sucesso."

"Chefes que se sentem ameaçados por mulheres talentosas e ambiciosas."

"Falta de apoio do meu superior imediato."

Se esta é uma área que lhe interessa, você irá considerar útil o livro *Leader's Guide to Coaching and Mentoring*, de Brent e Dent, recentemente publicado.

- **Motivar o outro**

É difícil para qualquer uma de nós motivar os outros, no entanto, o que todas nós podemos fazer é apoiar os outros na sua motivação e assegurar que as forças desmotivadoras e destrutivas não estejam presentes ou sejam eliminadas. No atual ambiente de negócios, muito mais auto-orientado, criar uma atmosfera de trabalho motivadora e permitir que as pessoas tenham um desempenho eficaz é extremamente importante. A resposta para a motivação é saber o que impulsiona um indivíduo. Parte de uma pesquisa que fizemos há alguns anos atrás — *The Ashridge Management Index* — identificou os principais motivadores da vida organizacional para as gestoras. Os seis primeiros são:

- ser tratada com respeito;
- ter um trabalho desafiador/ interessante;
- ter a oportunidade de aprender e se desenvolver continuamente;
- saber que minhas decisões impactam a organização;
- ter autoridade e liberdade para dirigir o meu próprio dia a dia;
- trabalhar em um ambiente agradável.

Curiosamente, quando colegas perguntaram, de maneira semelhante, aos funcionários da geração Y em seu estudo de pesquisa, eles disseram que seus três pontos principais foram:

- salário;
- trabalho desafiador;
- progressão de carreira.

Assim, nesta área, a chave parece ser a compreensão do que motiva tanto a si mesma como aos seus colegas, o que permite a contribuição para proporcionar um ambiente de trabalho que leva as pessoas a se motivarem.

Reflexão. Por que não iniciar esses processos revendo o que a motiva? Use o espaço a seguir para anotar essas informações. Em seguida, selecione três ou quatro membros da sua equipe e liste o que os motiva. Se você não sabe, então tome algum tempo para se envolver com eles e descobrir. Assim que você tiver uma melhor compreensão desses motivadores, poderá começar a avaliar sua habilidade nessa área e, se necessário, desenvolvê-la ainda mais.

Motivadores-chave para mim e para minha equipe			
Meus motivadores	Membro 1	Membro 2	Membro 3

• **Construção de relacionamento**

Uma das principais áreas identificadas em nossas pesquisas e entrevistas, que contribuem para o sucesso individual na atual vida organizacional, foi em relação à construção de relacionamentos e *networking* tanto dentro quanto fora do trabalho.

"Construindo uma grande rede de suporte."

"Um forte *networking* interno e externo é essencial para o apoio e a inteligência empresarial."

"Eu falava com as pessoas e fazia o que hoje chamamos de desenvolvimento de relacionamento."

A última citação é certamente um ponto de partida — construção de relacionamentos é engajar os outros em conversas significativas e genuínas. Nessa era altamente tecnológica, muitas pessoas ignoram a importância da comunicação olho no olho como forma de construir relações no trabalho.

Em uma pesquisa anterior para nosso último livro, uma de nossas entrevistadas falou sobre a importância de ter desenvolvido relacionamentos estratégicos ao longo de sua carreira. Foram pessoas com quem, depois que as conheceu, ela passou a cultivar uma amizade ativamente ao longo do tempo. Isso pode parecer um pouco maquiavélico ou manipulador, mas não é. Ao ser mais focada e ter uma estratégia de desenvolvimento de relacionamentos, você vai descobrir que não tem simplesmente um *networking*, mas um *networking* fantástico.

Reflexão. Construir relações de trabalho fortes e sustentáveis requer esforço e tempo; não se trata simplesmente conversar, é muito mais do que isso. Se esta é uma área que você sente que gostaria de desenvolver ainda mais, então algumas das seguintes dicas podem ser úteis:

- Entenda quem está na sua rede de relacionamentos. Crie um mapa mental para ilustrar as pessoas que você tem atualmente em seu *networking* (veja exemplo no gráfico a seguir).
- Pense na qualidade de cada um desses relacionamentos e anote no seu mapa mental — há muitas maneiras de fazer isso. Por exemplo, classifique-as por como as definiria — conhecidos, colegas ou amigos próximos — ou simplesmente avalie-os em uma escala de um a cinco em termos de como você classifica o relacionamento de vocês. (O livro *Working Relationships Pocketbook*, de Fiona, publicado pela Management Pocketbooks em 2009, também pode ajudar nesta área.)

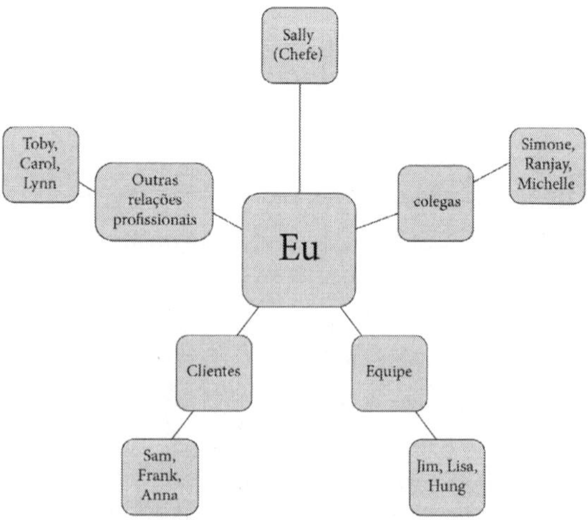

- Avalie como você pode trabalhar melhor com essas pessoas, quem você precisa desenvolver ainda mais, se há pessoas que precisam ser adicionadas à rede de contatos, e assim por diante.
- Identifique os relacionamentos que você acha mais difíceis e pergunte-se se há maneiras de melhorá-los.
- Como você definiria o seu estilo de construção de relações? Há certos tipos de pessoas com quem se relaciona melhor do que outras? Isto é uma barreira, você precisa expandir o seu repertório?
- Construa uma estratégia para o desenvolvimento de relações futuras. Identifique as pessoas ou o tipo de pessoas que gostaria de ter em seu *networking* — seja objetiva sobre isso.

Várias entrevistadas com quem conversamos identificaram a construção de relações como uma área que ajudou a apoiar o desenvolvimento de suas carreiras. Uma mulher que trabalhou em uma grande organização internacional de bens de consumo de grande porte (*fast moving consumer goods*) disse:

"O *networking* e o desenvolvimento de relações de trabalho de boa qualidade com colegas têm contribuído significativamente para o sucesso da minha carreira até agora."

Enquanto outra, que trabalha em uma organização empresarial do Reino Unido, disse:

"Desenvolver um plano claro para identificar com quem construir redes de contato é definitivamente benéfico."

Ambas são da geração Y e reconheceram a importância e o valor de investir tempo para desenvolver relações de boa qualidade no trabalho.

• Trabalho em equipe

Fazer parte, construir e liderar um grupo de sucesso são competências de um bom membro de equipe. Não só muitas mulheres identificaram o trabalho em equipe como um suporte para o sucesso na carreira, mas os empregadores também consideram essa característica uma grande contribuição para o sucesso organizacional. Na verdade, é provável que a maioria de nós trabalhe como parte de pelo menos uma equipe. Trabalhar em equipe de maneira eficaz pode ser um grande desafio, na medida em que muitas têm que lidar com equipes virtuais, trabalhando em várias equipes, multiculturais, de projeto de curto prazo, departamentais, de gestão e muitas outras, algumas das quais não se encontram no mesmo ambiente de trabalho. Isso causa alguns desafios em gerir, desenvolver e trabalhar de maneira eficaz com uma equipe, já que os grupos assumem uma identidade própria e exigem diferentes abordagens, estilos e processos. No entanto, existem certos princípios que são comuns à maioria das equipes, embora a forma como são aplicados possa ser diferente, dependendo do seu papel no grupo e do objetivo da equipe.

Um bom trabalho em equipe exige:

- uma meta focada, clara e envolvente;
- membros que estão dispostos a trabalhar juntos de forma interdependente;
- compromisso de todos os membros da equipe;
- uma gama de competências e capacidades complementares;
- regras e normas claras de comportamento acordadas por todos;
- habilidades de comunicação entre os membros;
- confiança e respeito de uns pelos outros;
- compreender o papel e a contribuição de cada um para a equipe;
- apoio e reconhecimento para a equipe e membros individuais;
- capacidade de dar feedback uns aos outros.

Reflexão. Você pode se perguntar sobre as equipes das quais participa e avaliá-las com base nesses princípios. Talvez classificar cada uma delas em uma escala de um a cinco para determinar se você ou a equipe precisam se desenvolver em alguma das áreas.

Muitas mulheres que responderam à nossa pesquisa reconheceram que o investimento nessa habilidade foi benéfico:

"Construir uma boa equipe de trabalho em que a confiança, a delegação, o poder e o foco são importantes."

"Desenvolver um forte espírito de equipe e lealdade dentro do meu próprio time."

"Investir tempo e energia para desenvolver a minha equipe e recompensar os seus membros em conformidade."

Obter experiência em diferentes ambientes de equipe é muito útil, por isso, aproveitar as oportunidades para liderar, construir, desenvolver e participar de grupos é uma ótima forma de desenvolvimento pessoal e de desenvolvimento de reputação. Assumir papéis diversos em diferentes equipes permite que você desenvolva habilidades e teste suas capacidades em várias situações.

- **Lidar com conflitos**

Conflito e confronto são fatos da vida empresarial. Ter a capacidade de lidar com qualquer situação de conflito é um recurso valioso. Como disse uma de nossas entrevistadas:

"Já tive ótimos relacionamentos com chefes, tanto homens quanto mulheres, mas também tive conflitos com superiores em momentos que existiu falta de confiança ou respeito".

Constatamos que muitas pessoas lidam mal com conflitos ou, então, os evitam — nenhuma dessas estratégias funciona bem. Gostaríamos de analisar como você pode lidar com conflitos e confrontos de forma eficaz.

Primeiro, vamos entender o que é o conflito. O conflito surge quando há um desacordo sobre ideias, abordagens ou formas de trabalho, muitas vezes causado por:

- mal-entendidos e ruído de comunicação;
- conflitos de personalidade, muitas vezes em que os valores diferem;
- rivalidade entre indivíduos, departamentos ou equipes;
- egoísmo, falta de vontade e de compromisso;

- más práticas de gestão.

Às vezes pode levar um tempo para se reconhecer que existe um conflito, e este é o primeiro desafio em lidar com a discordância. É importante lembrar que o conflito nem sempre é uma coisa ruim, pois pode trazer à superfície questões e, desde que seja tratado de forma eficiente, objetiva e eficaz, pode ser realmente benéfico.

O fluxo a seguir é adaptado de *The Leader's Guide to Managing People,* de Brent e Dent, e sugere os seis passos para lidar com conflitos de forma eficaz.

Fluxo de como lidar com conflito

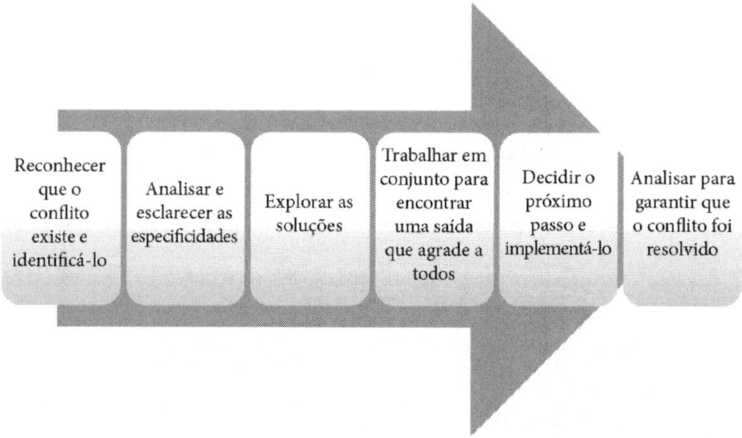

O conflito é algo complicado e, embora ajude ter um processo para seguir, vale a pena reconhecer que, normalmente, as emoções desempenham um papel importante ao lidar com qualquer conflito ou confronto. Estar ciente das próprias respostas emocionais e das respostas emocionais dos outros à situação permitirá que você planeje seu processo de forma mais realista. Outro aspecto fundamental para lidar com o conflito é ter clareza em torno da questão real. Muitas pessoas esquecem ou evitam esta área. Assim, a primeira fase do processo anterior é um ponto de partida. Além disso, não se lance em uma discussão sobre resolução de conflitos, reserve um tempo para pensar e planejar. Às vezes é necessário dar tempo para que as pessoas se acalmem e, às vezes, pode ser benéfico envolver um mediador para ajudá-las a passar pelo processo.

Lidar com conflitos envolve uma ampla gama de habilidades interpessoais e de relacionamento e pode desafiar até mesmo as pessoas mais experientes e habilidosas. Então, escolha suas batalhas com sabedoria e reconheça que cada situação é única.

Reflexão. Como você lidou com conflitos no passado? Você é uma pessoa que evita, que se acomoda ou que os encara com coragem? Pense em um momento recente em que teve que lidar com um conflito. Reflita sobre a situação. Como você reagiu? O que disse, fez e sentiu? O que poderia ter feito de diferente para ser mais eficaz?

Se quiser explorar esta habilidade em mais detalhes, o livro *Difficult Conversations: How to Discuss What Matters Most* de Stone, Patton e Heen do Harvard Negotiation Project é um bom ponto de partida.

7
Habilidades e qualidades estratégicas essenciais

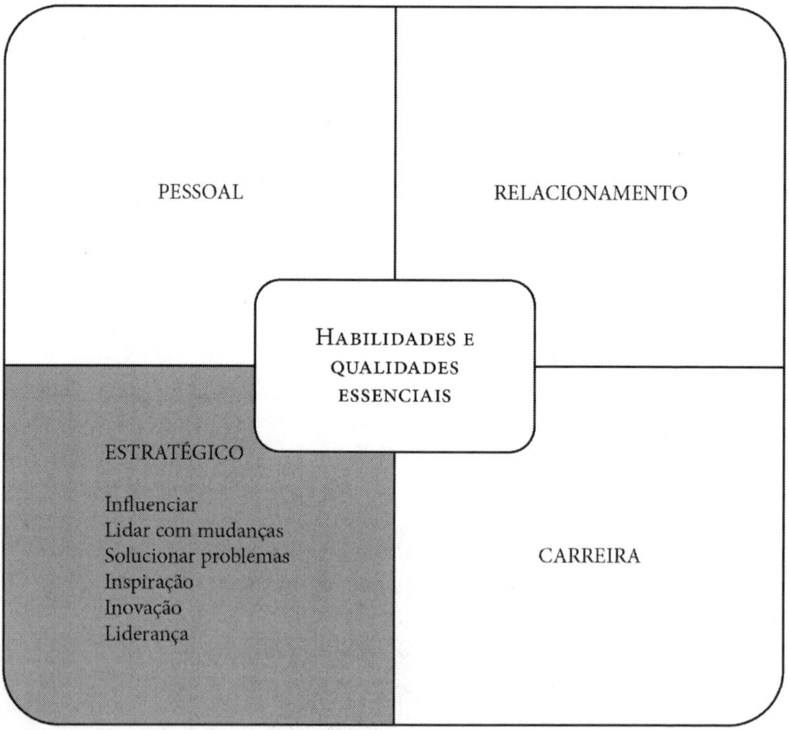

Essas habilidades e qualidades são importantes para o sucesso à medida que você se desenvolve e avança em uma organização — são, é claro, úteis em qualquer nível, mas à medida que você passa para posições mais elevadas, elas se tornam cada vez mais necessárias. As capacidades estratégicas podem ser melhor administradas por alguns tipos de personalidade do que outros, por isso algumas pessoas podem sentir que elas surgem naturalmente, enquanto outras têm que trabalhar duro para desenvolvê-las.

Cada uma das habilidades e qualidades que selecionamos aparece na maioria dos questionários de avaliação de competências de gerentes seniores, portanto, estar ciente de suas capacidades nestas áreas e obter uma vantagem inicial por meio do desenvolvimento das suas habilidades pode apoiar o desenvolvimento geral de sua carreira, quer você planeje ou não passar para níveis superiores. Todas elas são capacidades importantes para o sucesso no mundo volátil, incerto e complexo em que vivemos.

- **Influenciar**

Influenciar é muito mais uma habilidade para a vida. A capacidade e a confiança nesta área certamente a ajudarão em todas as outras. A maioria de nós está influenciando pessoas no dia a dia — em casa, no trabalho, em lojas, ao telefone, em e-mails — e aperfeiçoar suas habilidades e entender mais sobre o processo de influenciar será útil para qualquer coisa que você faça.

Influenciar é, em grande parte, saber utilizar eficazmente as chamadas habilidades sociais de uma forma estratégica. Implementar suas habilidades com qualidade e confiança, e aceitar que a influência é um processo inter-relacionado em vez de um evento isolado, irá ajudá-la a compreender o que é necessário para influenciar os outros efetivamente.

O diagrama seguinte ilustra os principais componentes do processo de influência:

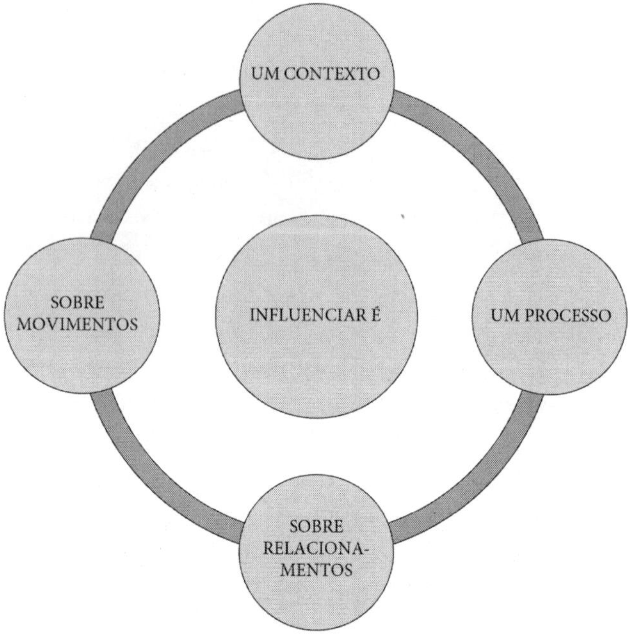

Adaptado do *The Leader's Guide to Managing People* de Mike Brent e Fiona Elsa Dent.

Então, durante qualquer processo de influência, você deve levar em conta:

- **O contexto** — cada situação de influência é diferente. Isso significa que a abordagem e o estilo usados devem ser apropriados para cada contexto, variando e flexibilizando seu estilo e comportamento de acordo com as pessoas e a situação particular, em vez de depender de uma abordagem para todas as situações. Este é muitas vezes um dos principais desafios ao influenciar outras pessoas.
- **O processo** — a maioria das situações de influência faz parte de um processo maior. Você geralmente conhece, ou

pelo menos está familiarizada, com a maioria das pessoas que tem que influenciar e, portanto, a influência pode já ter começado antes da questão ser discutida. Lembre-se de que a sua reputação tenderá a preceder a reunião.

- **Os relacionamentos** — influenciar é fazer com que as pessoas comprem suas ideias e trabalhem com você voluntariamente. Assim, pensar nas pessoas que você deve influenciar e no que funciona para elas, e depois variar sua abordagem de acordo com isso, não só melhorará seu sucesso de influência, mas também a ajudará a construir relacionamentos de trabalho eficazes.
- **O movimento** — em última análise, influenciar é fazer com que as pessoas deem passos na direção que você está propondo. É raro que as pessoas concordem totalmente com você no primeiro momento, o sucesso como influenciadora é medido nos pequenos passos que as pessoas dão em sua direção, os passos que levam a um maior diálogo e progressão em direção a um objetivo mutuamente aceitável.

Como já dissemos, a influência bem-sucedida é em grande parte sobre a implementação de suas habilidades sociais e a aceitação de que influenciar é uma habilidade de relacionamento. Há, no entanto, algumas outras considerações que devem ser levadas em conta, e estas são principalmente sobre apelar para as necessidades de outras pessoas ao engajá-las no diálogo sobre sua questão. Quando questionadas sobre como os indivíduos gostam de ser influenciados, descobrimos que certos temas emergem:

- **Envolvê-los no processo**. As pessoas querem sentir que a sua perspectiva sobre a questão está sendo levada em consideração.
- **Demonstrar confiança sobre o tema**. As pessoas querem sentir que você sabe genuinamente do que está falando e que pode mostrar energia e convicção sobre o assunto.

- **Ter um histórico de sucesso.** Experiências prévias de bom trabalho com os outros para alcançar resultados mútuos — como dissemos antes, a sua reputação irá ajudá-la ou prejudicá-la.
- **Valorizar as contribuições dos outros.** Isso ajuda a construir relacionamentos de boa qualidade e simpatia. Resumindo, as pessoas estão mais dispostas a ouvir quem elas gostam.
- **Fornecer elementos para ajudá-los a entender a sua lógica.** As pessoas gostam de saber e compreender as suas bases, então certifique-se de que tem acesso aos fatos e pode demonstrar seu objetivo final.
- **Ser clara e concisa.** Ir direito ao ponto sem enrolação. Apresente seu caso de uma forma simples, articulada e concisa. Mantenha a atenção do seu público.
- **Demonstrar paixão e energia sobre sua questão.** Isso mostra seu compromisso e confiança com os outros. Se não é apaixonada pelo assunto, como pode esperar que outros se juntem a você?

Em nosso trabalho de influência descobrimos que as pessoas querem três coisas quando são influenciadas pelos outros:

Envolvimento
Clareza
Autenticidade

O que elas não querem são táticas de venda agressivas, humilhações, uso de autoridade, serem manipuladas, sofrerem bullying ou táticas de pressão.

Reflexão. Você pode considerar sua própria abordagem para influenciar pessoas, refletindo sobre as seguintes questões:

<table>
<tr><td colspan="3">Que estilo de influência tenho tendência a usar? Geralmente, todas nós tendemos a preferir um estilo, que, se usado excluindo todos os outros, não será útil. Influenciadoras habilidosas variam o seu estilo de acordo com a situação. Olhando para os quatro estilos a seguir e suas breves descrições, qual deles você utiliza? Classifique-os por ordem.</td></tr>
<tr><td>Diretivo</td><td>Um estilo focado no “eu”, em que as pessoas afirmam seus pontos de vista e perspectivas e esperam que outros as sigam.</td><td></td></tr>
<tr><td>Lógica de persuasão</td><td>Um estilo focado em questões, em que o principal objetivo é fazer com que outros comprem as suas ideias.</td><td></td></tr>
<tr><td>Colaborativo</td><td>Um estilo focado na equipe, em que um dos principais objetivos é envolver os outros em todo o processo.</td><td></td></tr>
<tr><td>Inspirador</td><td>Um estilo focado em pessoas, em que um dos principais objetivos é apelar para as emoções e valores dos outros, a fim de envolvê-los na sua questão.</td><td></td></tr>
<tr><td colspan="3">Para entender mais sobre o seu estilo preferido, você pode completar o questionário “The Influencing Style Preference Inventory”, que pode ser comprado no departamento de psicometria da Ashridge Business School.</td></tr>
</table>

Como você gosta de ser influenciada? O que funciona? O que é que não funciona? Vale a pena saber o que espera dos outros, pois em muitos casos é o que os eles também esperam.
Pense em um momento em que você influenciou os outros com sucesso — o que funcionou e o que não funcionou? Tome notas abaixo. Isso pode ajudá-la a entender as áreas de desenvolvimento.

Se esta é uma habilidade que você deseja desenvolver, pode achar útil o *The Leader's Guide to Influence: How to Use Soft Skills to Get Hard Results*, de Mike Brent e Fiona Elsa Dent.

• Lidar com mudanças

Quando perguntadas sobre como gerir e lidar com mudanças, a maioria das pessoas diz que gosta delas, o que não gostam é da incerteza que as acompanha. Como uma boa profissional que lida com mudanças, você deve estar atenta às incertezas e usar suas habilidades para diminuir os efeitos das próprias respostas humanas normais em relação a isso, que normalmente variam entre preocupação, medo, raiva, frustração e desconfiança.

Se você é uma campeã em mudança, será levada a usar muitas das capacidades pessoais, de relacionamento e estratégicas, a fim de:

- preparar as pessoas para compreenderem as mudanças;
- envolver outras pessoas no processo de mudança;
- criar sistemas e processos para facilitar a mudança;
- gerenciar o processo para garantir que as mudanças aconteçam enquanto mantém os negócios funcionando;
- lidar, gerir e superar a resistência à mudança.

Em nossa pesquisa (*The Ashridge Management Index*), descobrimos que a maioria das entrevistadas aceitam que gerenciar mudanças é uma parte significativa de seu trabalho. No entanto, muitas também sentem que não estão preparadas ou treinadas o suficiente para liderar bem a mudança, e que sua empresa poderia fazer mais para ajudá-las.

Lidar bem com mudanças significa que você age não apenas como alguém que apoia as mudanças, mas como alguém que gerencia e entrega a mudança ativamente. As habilidades chave de uma pessoa que sabe lidar com mudança envolvem toda a gama de habilidades de comunicação, de relacionamento e as necessárias para lidar com a resistência.

A má comunicação sobre a mudança e a gestão ineficaz da resistência são dois dos principais obstáculos quando se trata de mudança na vida organizacional, portanto, focar na sua capacidade de comunicação, especialmente em relação à sua habilidade de influência, será benéfico. Além disso, ter estratégias para lidar com a resistência contribuirá para o seu sucesso como uma campeã de mudança. Algumas dicas são:

- Comunique-se com quem está resistindo às mudanças para entender por que estão assim — faça perguntas, escute e mostre sua compreensão. Leve seu tempo nessa fase; muitas pessoas passam correndo pelo momento de comunicação antes que outros tenham tido a oportunidade de assimilar e se acostumar com a ideia.
- Organize reuniões logo no início do processo de mudança para garantir que as pessoas estejam cientes do que está acontecendo e por quê.

- Reconheça que muitas vezes não é a mudança em si que causa preocupação, mas sim o seu efeito sobre as pessoas e suas relações — é uma característica humana —, especialmente se envolver demissões ou reestruturação.
- Tente envolver os resistentes, dando-lhes um papel a desempenhar. Conseguir a adesão de pessoas resistentes, especialmente aquelas que são influenciadoras por natureza, será benéfico no futuro, mas exigirá algum esforço.

Lidar bem com mudanças de forma eficaz servirá para elevar o seu perfil em qualquer organização, mas não é um papel a assumir levianamente; você deve estar feliz em promover, apoiar e implementar a mudança organizacional.

Reflexão. Pense em algumas mudanças recentes que afetaram sua vida pessoal ou profissional. Identifique dois cenários diferentes — um em que você teve sucesso e outro quando as coisas se tornaram um pouco mais complicadas. Use o quadro a seguir para refletir sobre as diferentes situações e como você lidou com elas.

Lidando com a mudança	
Situação de mudança bem-sucedida	Situação de mudança complicada
Resuma o aprendizado e as ideias que surgiram dessa reflexão.	

Se você quiser entender mais sobre como pode ser uma campeã de mudanças eficaz, dê uma olhada no *The Change Champion's Field Guide: Strategies and Tools for Leading Change in Your Organization*, de Carter e Sullivan.

- **Solucionar problemas**

Ter uma boa aptidão e atitude para resolver problemas é algo que beneficiaria a maioria das pessoas nos negócios. Nós experimentamos problemas no dia a dia, com algumas questões sendo muito simples de lidar e possivelmente tendo uma resposta certa ou errada. No entanto, cada vez mais, a maioria de nós tem de lidar com problemas complexos para os quais não existe certo ou errado, nem um precedente já estabelecido para o processo ou solução.

Há dois elementos principais para se tornar uma boa solucionadora de problemas: primeiro, ter um bom processo para seguir e, segundo, entender que resolver problemas requer habilidades analíticas e criativas. Um processo de resolução de problemas envolve três etapas principais, e em cada uma delas você terá que usar uma variedade de habilidades.

Identificação e definição do problema

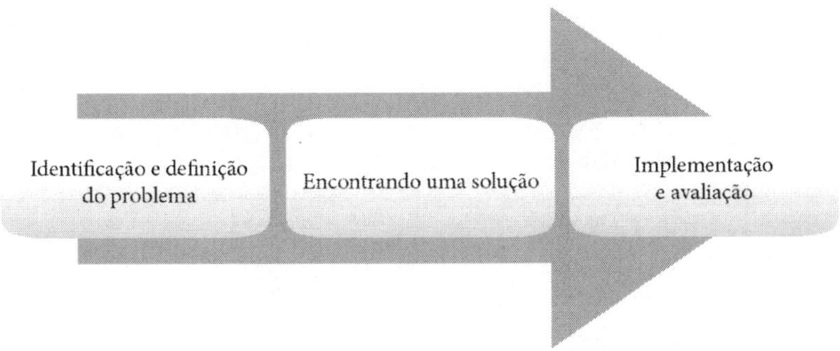

- **Identificação e definição de problemas.** Nesta fase, você estará usando uma série de técnicas analíticas e interpessoais para avaliar a situação e recolher informações em relação ao problema. A chave aqui é ser capaz de definir e articular o problema em sua mente e explicá-lo aos outros.
- **Encontrando uma solução.** Tendo definido o problema, o desafio agora é explorar e considerar possibilidades. Isso poderia envolver tanto processos analíticos quanto criativos — dependerá muito da situação. Nesta fase, você também pode envolver outras pessoas para ajudá-la, usando assim suas habilidades interpessoais, de relacionamento e influência. Sua busca deve ajudá-la a decidir sobre a melhor solução possível, com base na sua análise e avaliação.
- **Implementação e avaliação.** Implementar sua decisão quase sempre envolverá outras pessoas e exigirá que você as influencie em relação ao seu plano de solução e como fará para alcançá-los, além de encorajá-las a se juntar a você. Boas solucionadoras de problemas também querem aprender com o próprio trabalho e sempre avaliarão como as coisas estão indo, como o processo funcionou e como as pessoas estão respondendo à solução.

Reflexão. Pense nos tipos de problemas com que você lida no dia a dia, escolha um exemplo de um problema resolvido com sucesso e pense nas principais fases pelas quais passou. Que fases foram mais fáceis/ difíceis, quem mais esteve envolvido e se houve alguma técnica especial que você tenha usado. Neste processo reflexivo, você também pode considerar se existe ou não um padrão para os problemas com os quais tem que lidar.

Muitos problemas não podem ser tratados em um processo linear puro, muitas vezes você terá que usar um processo interativo, voltando aos estágios anteriores durante todo o processo. Você encontrará algumas ideias úteis adicionais em *The Problem Solving Pocketbook*, de Ceserani e Hailstone.

• **Ser decisiva**

Ser decisiva e tomar boas decisões, não só sobre sua carreira, mas também em relação ao seu papel no trabalho, lhe será útil. Ser decisiva é particularmente importante para as pessoas em cargos de liderança, mas qualquer pessoa que trabalhe em uma organização pode se beneficiar de demonstrar determinação em seu trabalho diário.

Tomamos decisões o tempo todo: algumas de forma inconsciente, e outras nos torturam. Muitas vezes, as que nos atormentam são aquelas decisões difíceis nas quais temos pouca experiência da situação, ou talvez aquelas que podem afetar os outros. Algumas mulheres nos disseram que têm um problema específico nesta área, na medida em que, quando uma decisão afeta negativamente outros, querem ter a certeza de que estão fazendo a melhor escolha possível e de que podem justificá-la a cada um dos envolvidos. Às vezes você tem que tomar decisões impopulares, e o melhor a ser feito é se preparar e entender a situação, tomando a decisão, aplicando-a e revisando sua escolha para garantir que está tendo o efeito desejado. Algumas pessoas acham útil o uso de algumas ferramentas que auxiliam na tomada de decisões, tais como as análises swot e pest (political, economic, social and technological) [política, economia, social e tecnologia], ou então fazendo um brainstorming para ajudar com as decisões. Para mais informações sobre estas técnicas, consulte www.mindtools.com.

Às vezes você será chamada para tomar decisões rápidas, muitas vezes envolvendo questões complexas e incertas. Nestas circunstâncias, é importante que, se for apropriado e o tempo permitir, você procure a contribuição de outros que possam ser capazes de ajudar, analisar os dados de que dispõe, criar opções e, por vezes, esteja disposta a assumir um risco calculado, se necessário. Não seja pressionada por outros a tomar uma má decisão.

A tomada de decisões, como muitas outras habilidades de negócios, não é uma ciência exata, então ser determinada e tomar decisões bem pensadas que impactem no seu desempenho e no dos outros ajudará a construir sua credibilidade e reputação.

Reflexão. Você pode achar útil refletir sobre algumas das decisões recentes que teve que fazer. Pense sobre:

- o processo pelo qual passou para tomar a decisão;
- você recorre a dados ou emoções para fazer escolhas? Ou a ambos?
- Quão bem-sucedida tem sido suas tomadas de decisão?
- Receber feedback dos outros — talvez perguntar se eles a veem como uma tomadora de decisão ou a consideram hesitante.

O *Decision Making Pocketbook*, de Russell-Jones e Hailstone, é um recurso valioso para dar ideias e informações adicionais.

• Inspiração

No dicionário online *Aurélio*, inspiração é definida como "algo que faz alguém querer fazer algo ou que dá a alguém uma ideia sobre o que fazer ou criar: uma força ou influência que inspira".

Para ser inspiradora, você deve primeiro inspirar a si mesma, então o que é que a inspira? Algumas das coisas que as pessoas disseram que as inspiram incluem:

- trabalhar para ou com alguém inspirador;
- ter um professor inspirador;
- pais ou outros membros da família;
- ouvir um palestrante inspirador;
- ler um livro ou história inspiradora;
- estar na natureza, dar um longo passeio;
- ouvir música;
- um cheiro ou vista específicos.

Reflexão. Então, o que inspira você? Parece uma simples pergunta, mas muitas vezes é muito difícil de responder. Tire algum tempo para pensar sobre isso e refletir sobre o que a inspirou ao longo de sua vida, e por quê. Faça anotações na caixa a seguir.

O QUE ME INSPIRA

Agora que você sabe o que a inspira, será mais fácil pensar sobre como pode ser inspiradora para os outros. É claro que todos se inspiram em coisas diferentes, então ser inspiradora para os outros pode ser completamente acidental. No entanto, as pessoas inspiradoras parecem compartilhar algumas características comuns:

- São **genuínas** — baseiam-se em valores e são autênticas em tudo o que faz.
- **Pensam positivo** — concentram-se no positivo em qualquer situação.
- **Interessam-se por outros** — estão dispostas a encorajar, ajudar e apoiar os outros.
- **Demostram energia e entusiasmo** — mostram paixão pelas coisas que valorizam.
- **E estão dispostas a reservar um tempo para conversar** — e inspirar os outros.

Ser inspiradora é muitas vezes fortuito, e muitas pessoas que inspiram outras são surpreendidas por isso. Adotar essas cinco características irá ajudá-la a demonstrar uma maneira inspiradora de trabalhar e, também, estimular os outros.

Olhando para trás em suas reflexões sobre como você foi inspirada, pense nas pessoas que tiveram um efeito sobre você. Alguma vez contou a elas que a inspiraram? Se não, por que não contou? Elas podem ficar surpresas ao ouvi-la!

Como mulher inserida no mercado, você pode encontrar inspiração em *Women Who Changed the World: Fifty Inspirational Women Who Shaped History*, da editora Smith Davies. Você também pode gostar de algumas das palestras do TED Talks.

• Inovação

Ser inovadora não significa necessariamente criar a próxima grande ideia da humanidade. O que isso significa é que você tem a capacidade de criar novas ideias sobre como as coisas podem ser feitas e, mais importante ainda, que está disposta a tentar.

Vivemos em uma era notavelmente inovadora, por exemplo, quem teria imaginado há cinquenta anos que poderíamos falar cara a cara com os nossos familiares de outros continentes apenas pressionando uma tecla (Skype), ou aproveitar a energia do sol para uso doméstico (painéis solares), ou que o nosso telefone seria móvel, um computador, uma câmera, um leitor de música, um controlador de aquecimento central etc (o celular). Muitas destas ideias inovadoras são atribuídas a pequenos grupos de pessoas, e sim, pessoas como Steve Jobs são extremamente inovadoras, mas precisam de outras que também sejam inovadoras para trabalhar com elas e pôr suas ideias em prática, então ser inovadora é algo de que todas nós somos capazes.

Em muitos ambientes de trabalho, a inovação é um fator-chave para o sucesso e o crescimento futuros, não é de se surpreender que os empregadores de hoje procurem por pessoas inovadoras. A criação de um novo procedimento, processo ou serviço contribuirá para a inovação no seu local de trabalho.

As principais características das pessoas inovadoras são:

- **Curiosidade** — uma pessoa que se interessa por tudo ao seu redor, questionando e investigando como as coisas funcionam e por que elas são como são.
- **Adaptabilidade** — flexibilidade na forma como trabalham,

com vontade de experimentar novas ideias.

- **Criatividade** — empregar a imaginação na maneira de fazer as coisas, muitas vezes desafiando o *status quo*.
- **Assumir riscos** — disposição para experimentar, sair de sua zona de conforto, e poder lidar com erros e fracassos, se necessário.
- **Foco no aprendizado** — demonstrar um interesse genuíno em procurar novas ideias e conhecimentos e depois integrá-los no seu trabalho cotidiano.

Então, **reflita** — o que você inovou em seu trabalho/ vida nos últimos anos? Como você pode demonstrar sua capacidade de inovação para um resultado ainda melhor? Use o espaço a seguir para fazer anotações.

MINHAS INOVAÇÕES

- **Liderança**

Ter habilidade de liderança, ou talvez devêssemos dizer ter uma mentalidade de liderança, é algo que muitos empregadores buscam em seus funcionários. Em essência, isso significa que você demonstra disposição para assumir a responsabilidade de influenciar, motivar e trabalhar com os outros a serviço da realização de metas e do sucesso.

Muitas das habilidades que já analisamos contribuem para a sua capacidade de liderança, especialmente aquelas relacionadas ao trabalho com outros e as discutidas anteriormente neste capítulo.

Liderança significa coisas diferentes para pessoas diferentes e, para muitas de nós, isso não quer dizer chegar ao topo da empresa. Pelo contrário, significa ser capaz de liderar outros em algumas situações, em algumas ocasiões. Demonstrar a sua vontade de assumir posições de liderança lhe dará uma maior opção de empregos para escolher e a ajudar a construir a sua credibilidade e reputação.

Por exemplo, uma de nossas entrevistadas nos contou sobre um momento em que ela participou de um centro de avaliação para recrutamento em uma grande organização de varejo. Como acontece em muitas dessas análises, parte do processo envolveu um exercício em equipe no qual o grupo teve que trabalhar em conjunto para atingir uma meta. Uma vez que as informações foram passadas para a equipe, eles começaram concordando que precisavam de um líder — todos ficaram quietos. Depois de alguns minutos, nossa entrevistada pensou: "Por que não experimentar?" Ela conseguiu o emprego, e gosta de pensar que ter se posicionado naquele exercício contribuiu para o seu sucesso.

Reflexão. Quando você assumiu a liderança no passado? Pode ser no trabalho ou em outra parte da sua vida. Pense nisso e anote o que fez, o que correu bem e o que acha que poderia ter feito melhor. Estar ciente das habilidades que você usa ao liderar e o que funciona e o que não funciona a ajudará a se desenvolver como uma líder.

Se você nunca teve a oportunidade de assumir a liderança, ou talvez até mesmo se sempre opta por evitar papéis de liderança, deveria refletir sobre os motivos.

Use o espaço que se segue para fazer anotações:

MINHAS EXPERIÊNCIAS EM LIDERANÇA

Uma das principais coisas que qualquer bom líder é capaz de fazer é flexibilizar seu estilo para atender diferentes situações e pessoas. Isso, por sua vez, significa que você deve conhecer o seu público, estar ciente da situação em que se encontra e ter a previsão de se adaptar em conformidade.

Compreender seu estilo e preferências como líder a ajudará a reconhecer onde você precisa se desenvolver mais para ser capaz de se flexibilizar com facilidade. Ouvimos histórias que sugeriam que algumas mulheres se conformam com estereótipos quando se trata de estilo de liderança — seja sendo mais machistas ou se conformando com o estilo organizacional predominante. Em geral, isso não funciona, pois você precisa encontrar seu próprio estilo e ser autêntica.

Há muitas teorias diferentes sobre estilos de liderança. Em uma pesquisa realizada em 2011 e relatada em nosso livro anterior — *Women in Business: Navigating Career Success* —, identificamos sete estilos diferentes. Pedimos às mulheres que identificassem o que elas acreditavam ser o seu principal estilo de liderança.

Reflexão. Você pode querer fazer o mesmo, classificando os seguintes sete estilos na ordem de SUA preferência:

ESTILO	DESCRIÇÃO	CLASSIFICAÇÃO
Participativa	Você envolve ativamente outras pessoas na discussão e na tomada de decisões.	
Situacional	Você varia seu estilo de acordo com a situação.	
Visionária	Você inspira os outros por meio de sua energia e compromisso.	
Transacional	Você dá a direção e espera que ela seja seguida.	
Focada em valores	Você lidera com base em fortes valores pessoais.	
Intuitiva	Você usa uma abordagem mais instintiva em que tanto as pessoas quanto a situação são consideradas, muitas vezes descrita como uma intuição.	
Hierárquica	Você confia na sua posição e status.	

Adaptado de "Leadership Style" em *Women in Business: Navigating Career Success*, de Viki Holton e Fiona Elsa Dent, publicado em 2012.

Compreender sua preferência no estilo é importante, mas, como muitas mulheres nos disseram tanto na pesquisa anterior quanto na atual, muitas usam uma combinação de estilos. Se, como nós, você acredita que liderança é uma habilidade social em que os líderes devem ser capacitadores de pessoas, então uma boa liderança é aquela capaz de adaptar a sua estratégia em relação às pessoas e à situação.

Se quiser explorar os estilos anteriores com mais detalhes, um questionário maior, com explicações completas sobre cada estilo, está em nosso livro mencionando anteriormente. Há, literalmente, milhares de livros sobre liderança que podem lhe oferecer apoio nesta área. Muito dependerá de seu interesse particular: algumas de vocês talvez queiram se concentrar no desenvolvimento de habilidades, de modo que leituras como *The Leadership Skills Handbook*, de Jo Owen, serão úteis, enquanto outras talvez estejam mais interessadas em histórias de liderança pessoal, de modo que os livros de Sheryl Sandberg, *Faça acontecer*, ou *Strong Woman*, de Karren Brady, seriam mais adequados.

8

Habilidades e qualidades de carreira essenciais

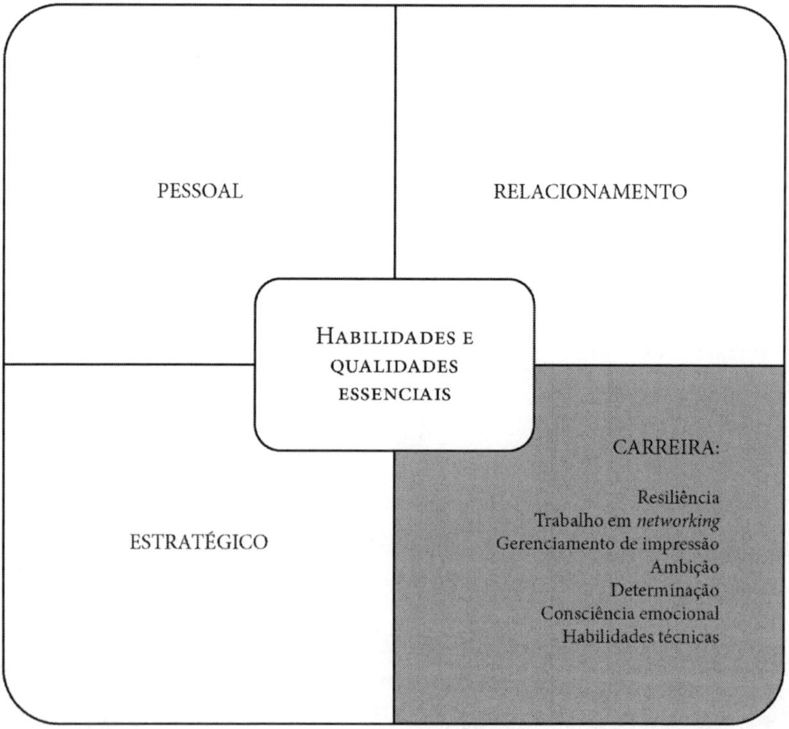

Nós indicamos as seguintes sete áreas de habilidades e qualidades de carreira. Acreditamos que você deve estar ciente delas como facilitadoras, para ajudá-la a navegar no mundo incerto e complexo do trabalho em que todas nós vivemos hoje. Essas áreas são importantes em toda a sua vida profissional e, ao contrário de algumas das outras habilidades e qualidades, são relevantes para a maioria de nós.

• **Resiliência**

A resiliência é muitas vezes descrita como a capacidade de se recuperar de eventos adversos e situações difíceis. Nós entendemos como um pouco mais do que isso — trata-se de ser capaz de lidar com as pressões do dia a dia que o trabalho e a vida geram. Trata-se de lidar com todo o tipo de situação estressante de uma forma que lhe permita continuar a prosperar na vida e no trabalho.

Isso não significa que você não experimentará variações de emoções que são frequentemente sentidas quando se passa por adversidades. Mas sim que você desenvolveu estratégias de enfrentamento que lhe permitem avançar de forma positiva.

Muitas das barreiras e obstáculos que as mulheres enfrentam podem ser considerados adversos ou difíceis — algumas das mais comumente mencionadas incluem:

- oportunidades de promoção frustradas;
- culturas dominadas pelos homens;
- ter que sacrificar a carreira por compromissos familiares;
- chefe insuportável;
- sexismo no local de trabalho;
- recuperação da posição após a licença-maternidade;
- desemprego.

As histórias que ouvimos sobre como as mulheres lidam com esses desafios demonstram que muitas têm resiliência em grande quantidade. Por exemplo:

"Passei por demissões em três ocasiões. Persisti e conquistei um emprego no tribunal quando tinha 26 anos... Não posso deixar de trabalhar e sempre me cadastro em agências de trabalho temporário — aceito qualquer trabalho que puder para me manter ativa. Sou determinada, trabalhadora e assumo a responsabilidade por mim mesma."

"Muitas barreiras experimentadas ao longo dos anos, incluindo retrocessos, devido a reestruturações rápidas dentro da empresa, progressão de carreira e mudança total de funções. Trata-se de mostrar como você se adapta — é capaz, resiliente às circunstâncias e possui determinação para alcançar o sucesso. A oportunidade de aprender e desenvolver novas habilidades foi uma vantagem em meio a anos muito difíceis."

"'Queridinha' ainda é uma forma relativamente comum de um colega tentar minar minha autoridade em uma situação de negociação de documentos. Venci isso simplesmente certificando-me de que sou tecnicamente mais proficiente e de que isso fique claro aos outros, para que possam ver as táticas depreciativas pelo que são — isso é muito mais fácil agora que sou mais experiente, mas foi difícil no nível júnior."

Reflexão. Então, quanto de resiliência você possui? Como supera as adversidades? Vale a pena estar ciente das próprias estratégias de enfrentamento e de como você superou as dificuldades do passado. Todas nós desenvolvemos maneiras diferentes de superar. Não há nenhuma fórmula mágica; no entanto, com base em algumas das histórias que ouvimos das mulheres que entrevistamos e das que participaram da nossa pesquisa, algumas das seguintes características parecem ajudar:

- pensar positivamente e ser otimista;
- ter fé em si mesma;
- ser focada no aprendizado;
- investir no seu bem-estar pessoal;
- ter a capacidade de identificar e controlar as suas emoções;
- reconhecer quando você está enfrentando estresse e sobrecarga de trabalho;
- ser focada em soluções;
- ter uma forte rede de suporte.

Se você quiser saber mais sobre resiliência, pode ler o *Resilience: How to*

Cope When Everything Around You Keeps Changing, de Liggy Webb. Se se interessar por entender mais sobre a sua resiliência, então pode preencher o "The Ashridge Resilience Questionnaire", disponível no Departamento de Psicometria da Ashridge Business School.

- **Trabalho em *networking***

A construção de uma boa rede foi destacada por muitas das mulheres em nossas entrevistas e na pesquisa como um facilitador. Recorrer a pessoas da sua rede em várias fases da sua carreira é fundamental de diferentes formas. Eis o que algumas mulheres disseram:

"Foi fundamental ao construir uma grande rede de apoio que tem demonstrado consistentemente fé nas minhas capacidades, me guiando e empurrando para fora da minha zona de conforto."

"Uma das razões pelas quais não fui promovida tão rapidamente quanto desejava foi porque não tinha aproveitado o tempo para criar um *networking* eficaz e construir relações com os principais tomadores de decisão. Eu não entendia verdadeiramente a importância disso até que estabeleci um relacionamento de mentoria com uma mulher bem-sucedida, que trouxe à tona essa necessidade para mim."

"Ultrapassei barreiras ao longo do tempo, procurando apoio em amigos e colegas quando necessário, sempre perseverando e tentando manter uma rede de apoio em casa por meio da família e amigos."

O termo "*networking*" tornou-se incrivelmente popular nos últimos anos com o advento de uma infinidade de sites voltados para o *networking* social na internet e, sem dúvida, eles podem ser benéficos para divulgar o seu perfil e manter contato com as pessoas. Sites como o LinkedIn, outros locais de *networking* menores, voltados para profissões específicas e, é claro, o Facebook podem ajudar.

Construir uma rede que irá ajudá-la não só a gerir e desenvolver a sua carreira, mas também a conseguir com que as coisas sejam realizadas diariamente envolve muito mais do que simplesmente ter uma presença nas redes sociais. Trata-se de investir tempo, energia e pensamento na construção de relações estratégicas com várias pessoas ao longo dos anos.

Estas relações devem ser mutuamente benéficas e baseadas em alianças em torno de objetivos comuns para serem bem-sucedidas. Estruturar uma rede de sucesso para ajudá-la como profissional — seja para construir a sua carreira, para gerir o seu trabalho diário, ou mesmo para apoiá-la no seu equilíbrio entre a vida profissional e a vida pessoal — envolve autenticidade, reciprocidade e simpatia.

A autenticidade é entendida no sentido de que você almeja construir relacionamentos de confiança, mutuamente benéficos, por meio da consistência, do cumprimento de quaisquer promessas, da entrega do que promete cumprir e de comportamentos que demonstram positividade e foco em soluções. A reciprocidade significa investir seu tempo no envolvimento com outros, compartilhando informações, oferecendo suporte e trabalhando em colaboração para alcançar resultados em metas comuns. Ao usar esses comportamentos recíprocos e positivos na construção de redes e relacionamentos, será mais provável que os outros estejam predispostos a respondê-la de maneira positiva e com isso sintam um senso de obrigação com você. E a simpatia, na medida em que todas nós preferimos trabalhar e construir relacionamentos com pessoas que gostamos e estamos inclinadas a ajudá-las quando e se necessário.

Reflexão. Sejamos francas, você simplesmente não tem tempo para desenvolver redes fortes e eficazes. Então, o que pode fazer se isto não for tão fácil para você?

- Primeiramente, pense em quem já está na sua rede. Que papel eles desempenham? Como classificaria sua relação? É uma relação forte construída sobre a reciprocidade, ou é uma relação que acredita requerer mais trabalho? Nós achamos útil representar isso em um mapa mental — consulte a pergunta 3: "quem me apoia?", no capítulo um, para obter uma explicação completa sobre como avaliar a sua rede de contatos.
- Quando conhecer alguém, tente encontrar algo que tenham em comum — por exemplo, pode ser o seu emprego, um interesse, uma pessoa que conecte vocês dois. Isto torna mais fácil começar a construir e desenvolver o relacionamento.
- Faça perguntas e escute — de fato, desenvolva uma série de perguntas abertas que podem ser usadas em uma variedade de si-

tuações, especialmente quando você está nos estágios iniciais do desenvolvimento de um relacionamento.

- Pense estrategicamente sobre a sua rede, foque no longo prazo — você precisa de pessoas tanto na sua empresa quanto externamente, com outros profissionais, clientes, fornecedores etc. Precisa de pessoas em sua vida profissional e em sua vida pessoal, e elas devem ser tão diversas quanto possível.
- Mantenha-se em contato com a sua rede. Não sobrecarregue as pessoas com contatos ou informações, mas certifique-se de que está sendo conveniente e relevante. Você nunca sabe quando vai precisar de sua rede, então se dedicar aos vários relacionamentos é um tempo bem gasto. Por que não tentar convidá-los para qualquer evento relevante ou compartilhar algo que sabe que vão considerar útil e interessante — artigos, livros, pesquisas, e assim por diante? Se estiver por perto, visite-os. Apenas um rápido "olá" é o suficiente, ou marque um encontro para um café ou almoço: o que for mais apropriado para vocês dois.
- Pense no que você pode fazer pelas pessoas da sua rede; lembre-se de que as redes estratégicas de boa qualidade se baseiam na mutualidade e na reciprocidade. Acertar nesses pontos e se manter atualizada sobre as coisas que acredita que serão úteis para as pessoas é uma maneira de mostrar aos outros que você é genuína e autêntica.

Lembre-se — o trabalho em *networking* tem a ver com a construção de relações de longo prazo de boa qualidade, nas quais vocês podem se apoiar e se ajudar. É baseada em sinceridade e preocupação com as outras pessoas, não sobre distribuir cartões de visita e conhecer o maior número possível de pessoas.

Estas palavras de Maya Angelou provavelmente resumem melhor o que realmente é o *networking*:

"Eu aprendi que as pessoas vão esquecer o que você disse, as pessoas vão esquecer o que você fez, mas as pessoas nunca vão esquecer como você as fez se sentir."

• **Gerenciamento de impressão**

O gerenciamento de impressão refere-se à autoapresentação. É a maneira como você se retrata aos outros, o impacto que tem sobre eles e a imagem que está tentando criar. Ela afeta a forma como influencia as pessoas, como cria credibilidade e constrói sua reputação. Não subestime o poder de criar uma boa impressão.

Erving Goffman escreveu sobre gerenciamento de impressão em seu seminário, *The Presentation of Self in Everyday Life*, publicado em 1959. Ele acreditava que quando as pessoas entram em contato umas com as outras, cada indivíduo tentará guiar ou administrar as impressões que o outro possa formar delas. Em anos mais recentes, o conceito de gerenciamento de impressão tornou-se amplamente reconhecido como um elemento vital de nossas habilidades de construção de relacionamentos. Os indivíduos bem-sucedidos percebem que construir e criar impressões positivas e duradouras contribuirá para a sua eficácia, credibilidade pessoal e reputação.

É importante lembrar que quando as pessoas a encontram (pessoalmente, durante uma reunião, apresentação ou evento social, por exemplo), consciente ou inconscientemente estão se fazendo uma série de perguntas:

- O que é que eu penso desta pessoa?
- Eu gosto desta pessoa?
- Posso trabalhar com esta pessoa?
- Confio no que esta pessoa está dizendo e fazendo?
- Posso respeitar esta pessoa?
- Eu quero esta pessoa na minha rede de relacionamentos?

As respostas a estas perguntas contribuirão para o progresso de sua relação com a pessoa. Mas, mais do que isso, essas questões terão um efeito sobre como ela lhe apresentará para os outros. Em nosso mundo cada vez mais conectado, como você se apresenta, não só interagindo pessoalmente, mas também ao usar a tecnologia — e-mails, chamadas de conferência, tuitando ou escrevendo em seu blog, nas redes sociais, e assim por diante — tem um efeito na impressão que está criando. Nos últimos anos, houve muitos casos de reportagens na mídia sobre o tuíte inapropriado e inadvertido de um indivíduo, ou outro comentário de mídia social que afetou a reputação de alguém, e nem sempre de uma boa maneira!

Portanto, como mulheres que fazem parte do mercado de trabalho, esta é certamente uma área em que todas temos de estar muito conscientes. Em nossa pesquisa, ouvimos muitas evidências de mulheres que aceitam essa questão e muitas que só foram descobrir sobre isso mais tarde em sua carreira e desejaram tê-lo feito mais cedo.

"Esta é complicada. Adoro moda e, por ter sido bem paga, usei algumas roupas de grife — nada terrivelmente estranho, mas roupas que eram mais coloridas e mais alternativas do que a maioria das pessoas que trabalham no setor público em uma posição de gestão. Olhando para trás, acho que fui julgada por isso. Embora não aceite, porque acredito que as pessoas podem se expressar criativamente através das suas roupas, eu provavelmente diria ao meu eu mais novo para ser um pouco mais discreta com as roupas para o trabalho!"

"Seja consciente da impressão que você passa para outras pessoas. Siga os passos das que já passaram por isso."

"Você realmente precisa demonstrar com seu comportamento e seu trabalho que está 'no time' ou 'de volta ao time' depois de ter tido um bebê, para não perder terreno."

O modelo a seguir resume os principais componentes do gerenciamento de impressão:

Gerenciamento de impressão

Adaptado de The Leader's Guide to Managing People, de Dent e Brent

Reflexão. É importante ter tempo para pensar sobre a imagem, impressão e impacto que você terá sobre os outros cada vez que interagir com eles, não importa qual o método de comunicação que esteja usando. Pense bem:

- Sua aparência é apropriada para a situação e contexto? Em caso de dúvida, opte pelo formal e inteligente ao invés de informal e muito casual.
- O que você fala e como fala.
- A situação e as pessoas com quem vai interagir.
- Concentre-se em ser consistente — lembre-se de que você está construindo sua reputação, então a consistência é importante.
- Demonstre autenticidade — as pessoas têm radares naturais que captam a falsidade, e não há nada mais desagradável do que tentar manipular quem você é.
- Seja você mesma, e esteja ciente do impacto que tem sobre os outros. Não interprete uma personagem, a maioria de nós não consegue manter uma cena por muito tempo.
- O que você quer que as pessoas sintam quando você vai embora?
- Lembre-se: pode levar anos para construir uma boa reputação, mas ela pode ser destruída em segundos! Como disse uma das nossas entrevistadas:

"Lembre-se: tudo o que vai, volta, então seja atenciosa em todas as suas relações com os outros. (Demorei muito tempo para aprender isso)."

Você pode considerar o livro de Judith Humphrey, *Taking the Stage: How Women Can Speak Up, Stand Out and Succeed*, uma leitura interessante.

• Ambição

Ambição é o desejo de conquistar. Ter ambição no trabalho é uma coisa boa, e sem ela você irá descobrir que pode vagar sem rumo de trabalho em trabalho. Trata-se de ter aspirações e objetivos a atingir. Ambição não é necessariamente querer chegar ao topo. Pessoas ambiciosas nem sempre querem ser as melhores em algo, o que elas querem é realizar as próprias aspirações, objetivos e sonhos. As mulheres às vezes hesitam em falar sobre suas ambições, mas se as pessoas não souberem, não podem ajudá-la.

Em um estudo realizado em 2011 pelo Institute of Leadership and Management, intitulado *Ambition and Gender at Work*, em uma amostra de 2.960 pessoas, das quais 49% eram homens e 51% mulheres, verificou-se que as mulheres tendem a ter metas mais baixas do que os homens, contentando-se com menos. Constatou-se também na pesquisa que 52% dos gestores do sexo masculino tinham uma ideia certa ou uma ambição clara de trabalhar em determinado papel, enquanto isso se aplicava apenas a 45% das mulheres entrevistadas.

Também encontramos evidências em nosso estudo de que muitas mulheres minimizaram suas ambições, principalmente devido à falta de autoconfiança ou fé em si mesmas (veja anteriormente). Há também as barreiras ou obstáculos óbvios que têm efeito sobre as ambições de uma mulher, incluindo a licença-maternidade, ser uma mãe trabalhadora, fazer parte de um casal com duas carreiras diferentes e trabalhar em um ambiente dominado por homens. Reconhecemos que todos eles existem, e são todos ultrapassáveis. Você pode ter que colocar algumas ambições em espera por um tempo, ou encontrar maneiras de contornar os obstáculos, mas ter ambições e demonstrá-las ajudará no sucesso de sua carreira.

Mais uma vez, descobrimos que muitas mulheres ofereceriam conselhos ao seu eu mais jovem em relação a esta área.

"Entenda, se há algo que quer alcançar na vida, nos negócios ou pessoalmente, isso depende de você! Ninguém fará por você."

"Sempre percebi que as mulheres recuam e esperam até se sentirem 'prontas' quando, na realidade, por vezes a única forma de estar 'pronta' é candidatar-se ao emprego e, se conseguir, encará-lo."

"Deixe o trabalho acolhedor, seguro e confortável e vá para o que a assusta."

Há várias citações semelhantes, indicando muitas vezes que, apesar de ambiciosas, muitas mulheres permitiram que a falta de autoconfiança as atrapalhasse ou afetasse negativamente em algum momento do início da carreira, levando-as a minimizar suas ambições.

Reflexão. Quais são as suas ambições? Anote-as AGORA. O que você quer alcançar no próximo ano, e daqui a cinco anos, dez anos? Pense em um trabalho à frente. Use o quadro a seguir para fazer anotações — seja concisa, focada e específica. Por exemplo: candidatar-se a uma posição internacional este ano, ser promovida no ano que vem, encontrar um emprego melhor ou correr uma meia maratona nos próximos seis meses.

MINHAS AMBIÇÕES

• Determinação

Este é outro atributo que muitos empregadores procuram hoje, é também um atributo que muitas mulheres mencionaram como algo que as ajudou a chegar onde estão. Muitas acreditam que, sem uma combinação de determinação, resiliência e ambição, não teriam subido às posições em que hoje se encontram.

"Ultrapassei as barreiras colocadas no meu caminho pela determinação e trabalho árduo."

"A determinação de não desistir, sem importar o quão difíceis as coisas se tornassem; perguntando, mesmo que a resposta seja 'não' e continuando, mantendo a coragem."

"A única maneira de superar as barreiras é por meio da autodeterminação e de ir além de seus objetivos."

Ser determinada é ter foco e compromisso para alcançar uma meta. Então, como ponto de partida, deve existir um objetivo que valha a pena. Ter um objetivo gera algo a ser alcançado. É óbvio que esse sonho deve ser simples, claro, realista, alcançável e pessoal. Você pode ter que fazer desvios ao longo do caminho para superar barreiras e obstáculos, mas tê-lo a mantém focada. Se for um objetivo que vale a pena, então você vai se apoiar nele e trabalhar duro para alcançá-lo. Por vezes, as pessoas estabelecem objetivos e metas ridiculamente ambiciosos e, quando não conseguem alcançá-los, sentem-se vencidas. No entanto, a definição de metas que possam ser atingidas por etapas é muito mais prático.

É fácil desistir de algo porque parece ser muito difícil, e é por isso que dizemos que é importante ter um objetivo válido e bem pensado. As pessoas que mostram determinação também tendem a demonstrar:

- autoconfiança;
- autocrença;
- ambição;
- resiliência.

Reflexão. Pensando bem na sua vida, há alguma área em que você se arrependa de não ter seguido e perseguido um objetivo? O que foi que a impediu? Agora, pense em um momento em que você conquistou seu objetivo. O que foi que lhe impulsionou durante esse tempo? Quais são seus objetivos atuais? E para o futuro?

Se quiser obter alguma inspiração sobre determinação, então procure os seguintes livros: *Eu sou Malala*: *A história da garota que defendeu o direito à educação e foi baleada pelo Talibã*, de Malala Yousafzai e Christina Lamb, e *Bounce: How Champions Are Made*, de Matthew Syed, de 2010.

• Consciência empresarial

Compreender o que está por trás do negócio, seja em um quadro geral, ou mais especificamente para o seu setor ou empresa, é uma habilidade que muitos empregadores estão cada vez mais esperando de seus funcionários. Certamente, uma boa consciência dos negócios em geral contribuirá para o sucesso da sua carreira.

Uma forma simples de construir conhecimento nesta área é ler o caderno de negócios de algum jornal, ou ler regularmente o *Financial Times* ou revistas como a *The Economist*. A filiação ao corpo profissional associado à carreira escolhida ou a grupos empresariais locais, como as Câmaras de Comércio, também ajudará nesta área, além de lhe proporcionar boas oportunidades de *networking*.

Por consciência empresarial, queremos dizer ter um reconhecimento do ambiente geral de negócios que existe atualmente: incluindo, por exemplo, compreender o seu setor, quem são os seus concorrentes, onde se situam as oportunidades e como podem ser afetadas por fatores externos, tais como o ambiente político e econômico prevalecente.

Reflexão. Pense sobre o quanto você já sabe, especialmente em relação ao seu próprio negócio ou setor. Um ponto de partida útil é fazer uma análise SWOT do seu negócio/ organização. Use o quadro a seguir para iniciar a sua análise. Ao preencher este quadro, pense em fatores internos e externos, leve em conta os concorrentes e como eles operam, e considere o ambiente econômico e político geral do seu setor.

Minha consciência empresarial — SWOT

Pontos fortes do meu negócio/ empresa	Fraquezas do meu negócio/ empresa
Oportunidades para o meu negócio/ empresa	Ameaças ao meu negócio/ empresa

Se você quiser desenvolver sua habilidade e conhecimento nesta área, seria interessante fazer um MBA ou se matricular em um curso de curto período em uma escola de negócios. No entanto, isso não seria suficiente — é preciso manter-se atualizada também. Como sugerimos anteriormente, ler um jornal de qualidade e uma revista voltada para sua profissão será de grande ajuda.

• Habilidades técnicas

Entender de tecnologia e construir continuamente a própria confiança, conhecimento e proficiência é vital na nossa era. O sucesso em qualquer local de trabalho exige que você tenha uma boa compreensão da tecnologia do dia a dia que pode ajudar com seu desempenho e eficácia. Seja qual for o seu ramo de trabalho, a tecnologia terá um papel a desempenhar. Como escritoras, temos que ter uma boa compreensão das possibilidades do Microsoft Word para que possamos trabalhar com o layout e a apresentação do nosso livro, além de usar as várias funções que ajudam na ortografia, pontuação, corte e colagem, e assim por diante... E essa não é a única tecnologia que usamos, o Skype é útil para entrevistas de pesquisa, e há ferramentas de pesquisa online, mídias sociais para promovê-la e, é claro, a infinidade de aplicativos que foram desenvolvidos.

Também é interessante notar que muitas organizações bem-sucedidas caíram no esquecimento ou perderam o rumo por um tempo por não se manterem atualizadas ou por não reconhecerem que as coisas estavam mudando. Os exemplos incluem a Kodak, que perdeu oportunidades na área de fotografia digital, e a Nokia que, a certa altura, foi líder de mercado na produção de celulares, mas foi ultrapassada pela Apple e pelos vários Androids que desenvolveram os smartphones. Temos certeza de que você pode pensar em outros exemplos de empresas que sofreram ao não reconhecer o impacto do rápido movimento da tecnologia em seus negócios.

Em um nível pessoal, não estamos sugerindo que todas se tornem gênios da tecnologia, programação ou codificação (mas sabemos que essas habilidades já estão sendo ensinadas na sala de aula, então cuidado, pois a próxima geração de jovens tecnologicamente experientes será certamente muito mais competente em tecnologia do que qualquer outra). O que estamos sugerindo é que você se torne hábil em usar as ferramentas que podem ajudá-la a ser bem-sucedida e eficiente, mantendo-se atualizada em seu trabalho, carreira e vida.

Reflexão. Use o questionário a seguir para avaliar a sua proficiência em algumas das mais populares ferramentas tecnológicas para o trabalho e a vida hoje em dia. Pense em quão consciente você está sobre o que esse sistema pode fazer, qual o seu grau de habilidade e se você precisa ou não desenvolver uma maior proficiência. A maneira mais simples de fazer é classificando de um a cinco, em que um significa ter pouca consciência ou habilidade e cinco ser uma perita. Em seguida, decida se é uma área que você precisa desenvolver indicando sim ou não.

Para aquelas que têm uma maior consciência tecnológica, sem dúvida deixamos de fora algumas ajudas comuns ou úteis. O que mostra a nossa própria falta de consciência nesta área, mas o que esperamos é que isso faça com que muitas de vocês reconheçam que a tecnologia está aqui para ficar, está sempre mudando e melhorando, e todas nós temos que aprender a trabalhar com ela e usá-la para nos tornar mais eficazes e eficientes. Mesmo as mais experientes tecnologicamente reconhecem que devem permanecer atualizadas e continuar se desenvolvendo. Esta área é realmente um processo contínuo para todas. Na lista, incluímos tanto gadgets/ dispositivos como serviços.

Teste de tecnologia

Ferramenta tecnológica	**Consciência da versatilidade e função**	**Meu nível de habilidade**	**Preciso desenvolver?"**
Computador ou laptop e seus softwares			
Ipad e tablet			

Celular			
Smartphone			
Skype			
Twitter			
Blogs			
Uso de outras mídias sociais, por exemplo: LinkedIn e Facebook			
Conferência de vídeo			
Pacotes de softwares, por exemplo: para documentos do Word, *spreadsheets* e apresentações			
Aplicativos que você baixou			
Outros			

Como baby boomers, descobrimos ao longo dos anos que precisávamos nos tornar proficientes no uso da tecnologia, e em nossa experiência as seguintes dicas nos ajudaram:

- Faça um curso para saber o básico.
- Use as ferramentas — não delegue isso, pelo menos até que você tenha uma boa compreensão do que é possível com a tecnologia que você precisa para fazer o seu trabalho. Assim,

por exemplo, se você trabalha em pesquisa ou finanças, é útil entender a gama de possibilidades de usar software de planilha eletrônica. Isto significa que, ainda que você não precise fazer toda a codificação e entrada de dados, vai entender a versatilidade do pacote e o que é possível e o que não é. A prática realmente funciona quando se trata de tecnologia.

- Seja curiosa, converse com pessoas experientes em tecnologia para descobrir o que há de novo e faça perguntas para saber se algo novo vai ajudá-la. É sempre melhor encontrar uma pessoa experiente em tecnologia que está disposta e é capaz de explicar na linguagem do leigo!
- Esteja atenta aos dispositivos (celulares, tablets, relógios, etc) e aos vários serviços (nuvem, voz sobre IP, o "VoIP") que estão disponíveis para a ajudar.

FINALMENTE,

Nos capítulos quatro a oito, revisamos 29 habilidades e qualidades que muitos empregadores procuram e, acreditamos, contribuem para o sucesso no trabalho. Esperamos que estas breves discussões sobre cada uma delas a ajudem a rever as suas competências e lhe deem ideias para um maior desenvolvimento em qualquer uma das áreas de competência em que você escolheu focar.

9

FAZENDO ACONTECER!

Força! Essa é a nossa conclusão e o que achamos que muitas mulheres precisam fazer em sua carreira. Assuma o controle da sua carreira, seja mais estruturada, defina um plano e faça com que isso aconteça! E não se esqueça de reorganizar o seu plano conforme necessário. Não deixe a sua carreira simplesmente se arrastar. Aproveite as chances quando elas vierem ao seu encontro e lembre-se de criar suas próprias oportunidades: procure por possibilidades de se voluntariar em projetos-chave onde você está trabalhando, olhe ao seu redor o tempo todo, esteja curiosa para conhecer novas pessoas e aprender sobre o que fazem na empresa. Os comentários de nossas entrevistadas incluem:

"Quando você estiver em um novo emprego, aceite todos os convites que aparecerem!"

Uma mulher sentiu que, embora pudesse ver que sua reputação na empresa era razoável, precisava de algo "extra" se quisesse causar uma impressão a respeito do cargo sênior que queria desempenhar. Nos anos seguintes, ela assumiu cargos voluntários externos — um em uma empresa profissional e outro em uma organização de setor-chave. Organizou workshops, visitas de estudo e palestrou em conferências, todas as áreas lhe deram uma experiência valiosa, e ela construiu uma boa reputação fora da empresa. Muitas vezes, ela se via sendo oradora ou se envolvendo em diferentes iniciativas. Esses papéis externos gradualmente fizeram a diferença na forma como seus colegas da empresa a viam.

Até agora, neste livro, temos encorajado você a rever a sua carreira, realizando uma auditoria, e a pensar sobre onde está no momento. Também compartilhamos o que as mulheres relataram em nossas entrevistas e pesquisas, e sugerimos uma série de habilidades e qualidades que acreditamos que contribuem para o sucesso na carreira de qualquer indivíduo. O desafio agora é começar a pensar sobre como você pode agir, o que aprendeu sobre si mesma e sua vida profissional para se certificar de que sua carreira tenha um futuro que funcione para você.

Algumas pessoas consideram que suas carreiras vão incrivelmente bem, mas para outras pode ser uma estrada muito conflituosa. É importante ter isto em mente, caso contrário, você será jogada para escanteio pelo primeiro obstáculo ou ficará "estacionada" em um emprego que odeia ou com um chefe de quem não gosta. Da mesma forma, ter muita preocupação sobre o que os outros vão pensar sobre você pode paralisá-la — as pessoas vão pensar que eu sou muito insistente? Posso dizer que sou ambiciosa?

Por isso, não recue, avance. Não tenha vergonha de pedir ajuda, pois, na nossa experiência, a maioria das pessoas sente-se lisonjeada ao ter sua opinião solicitada, e muitas de nós, a maioria, estaria disposta a estender a mão para ajudar um colega, um amigo ou alguém que precise. Além disso, reserve um tempo para refletir e aprender sobre o que acontece com você no trabalho. Você irá cometer enganos ao longo do caminho, mas cometer um erro não é um crime, crime será se não aprender com ele e, em vez disso, simplesmente se precipitar para um equívoco semelhante.

Você é a peça-chave no planejamento e gestão da sua carreira, no entanto, é importante compreender que as circunstâncias e a sorte também desempenham um papel importante. Por exemplo, é impossível planejar uma demissão, doença ou muitas das outras circunstâncias a que estamos sujeitas, de maneira boa ou ruim, e que podem afetar a nossa vida profissional.

A título de exemplo, conversamos recentemente com uma mulher que viveu uma experiência de mudança de vida que afetou a sua carreira. Ela era uma joalheira e teve que desistir devido a uma artrite reumatoide severa, doença que afetou sua capacidade de manipular os metais com as mãos. Isso teve um grande efeito emocional e psicológico sobre ela, mas como nos disse, "havia uma grande barreira à minha frente, e eu poderia ter me chocado contra ela, mas decidi dar a volta". O que ela fez foi mudar de material, agora trabalha com arame, tinta e palavras para criar a sua arte. Ela também ensina a fazer joias, continuando assim a usar o seu conhecimento, mas de uma forma diferente. A doença crônica ainda a afeta fisicamente, mas ela não deixou que isso a impedisse de seguir a profissão que escolheu como artista.

Quanto mais você souber sobre si mesma, suas necessidades, seus sonhos e seus desejos, mais preparada estará para lidar com qualquer mudança, seja ela planejada ou não.

Como muitas das mulheres no nosso questionário sugerem:

"Entenda que se há algo que você quer alcançar na vida, profissional ou pessoalmente, isso é com você! Ninguém fará por você."

"Mire para onde quer chegar e vá em frente — não seja tímida ou subestime suas capacidades, mas gerencie o seu destino de uma forma mais estruturada. (Não perca a concentração)."

INFLUÊNCIAS SOBRE MULHERES GERINDO A PRÓPRIA CARREIRA

Antes de analisarmos como você pode ser mais estruturada no gerenciamento de sua carreira e fazer as coisas acontecerem, vamos primeiro olhar para duas áreas específicas que podem ter um efeito sobre a forma como uma mulher gerencia a própria carreira. Estas são duas ações que foram mencionadas pelas nossas entrevistadas como influências a se ter em conta:

• **Tome uma atitude** — este é um conceito importante que afeta muitas mulheres na gestão da sua carreira. O que queremos dizer aqui é, na verdade, proponha um novo papel para si mesma: tome uma atitude e passe do confortável para o novo. Ouvimos de muitas que, por vezes, se contiveram porque não tinham a certeza de ter todas as qualificações ou a experiência adequada para se candidatarem a uma promoção ou a um novo cargo. Em grande medida, isto é causado pelo que parece ser uma das maiores barreiras de carreira para as mulheres: a falta de autoestima e autoconfiança em si mesma. Ouvimos histórias de dúvidas sobre o próprio potencial. As três citações a seguir são apenas uma pequena amostra do tipo de insegurança que muitas mulheres expressam.

"Minha crença na minha capacidade de contribuir em um nível sênior e um conservadorismo sobre a candidatura a empregos seniores. Superei me candidatando a um emprego sênior e conseguindo-o!"

"Sou o maior obstáculo à minha carreira — duvido das minhas próprias conquistas e sempre me questiono se sou boa o suficiente."

"Em geral, tenho trabalhado para chefes muito bons ao longo da minha carreira (homens e mulheres) e sou encorajada a desenvolver-me. A minha barreira é o limite que coloquei para mim mesma e em minhas habilidades, eu tenho o conhecimento e as habilidades para fazer o trabalho. Ter dois mestrados é talvez uma forma de me convencer de que sou legítima, além de ter, agora, muito mais controle sobre a voz da autodúvida, não que ela tenha desaparecido, mas abaixei seu volume."

Outras questões comuns mencionadas que impedem as mulheres de crescerem incluem:

- a síndrome do impostor;
- culpa de ser mãe e estar no mercado de trabalho;
- não ter modelos femininos seniores;
- querer um bom equilíbrio entre a vida profissional e a vida privada;
- ambientes dominados por homens;
- fatores externos — expectativas da família;
- falta de conselhos de carreira na empresa.

Tomar uma atitude e quando fazê-la são, é claro, escolhas suas. Haverá momentos em que você decidirá, por muitos motivos, não encarar a próxima etapa ou oportunidade; o ponto importante que queremos colocar é que você não deve permitir que as questões anteriores se interponham no seu caminho.

• **Ficar ou sair de uma empresa.** Outra questão levantada é a decisão de ficar ou sair de uma organização. Muitas disseram que ficaram "muito tempo" em um cargo ou em uma organização. Esta é sempre uma decisão difícil de tomar, e é muitas vezes agravada se, por exemplo, você for uma mãe que trabalha e tem um bom suporte para seu filho em uma área próxima ou é parte de um casal de dupla carreira, ficando limitada a trabalhar dentro de uma determinada distância de sua casa. Há muitas outras razões pelas quais uma pessoa escolhe ficar em uma organização. Mais uma vez, trata-se de consciência, a questão é ter uma boa razão — não simplesmente inércia.

Não faz mal ficar em uma empresa ou um emprego durante muito tempo. Diversas entrevistadas nos fizeram essa pergunta; acreditamos que se você estiver satisfeita e o trabalho for gratificante e lhe completar, isso é ótimo. O importante é saber se você está sendo reconhecida e recompensada apropriadamente, ou se é considerada apenas uma profissional segura que fará um trabalho eficiente enquanto seu chefe leva toda a glória. Ficar por muito tempo em uma empresa tem vantagens — como o fato de que você conhece várias pessoas e sabe como fazer as coisas acontecerem. Algumas mulheres também nos disseram que escolheram ficar em um emprego ou uma organização por conveniência e flexibilidade, especialmente durante a primeira infância de seus filhos. A familiaridade muitas vezes lhes proporcionou um grau de liberdade que elas não poderiam ter se tivessem mudado para um novo cargo ou empresa.

Esta é uma escolha clara que algumas mães (e pais) no mercado fazem para garantir um bom equilíbrio entre a vida profissional e familiar e a estabilidade dos seus filhos. Tomar decisões conscientes é a essência deste livro. Ao fazer isso, você pode se concentrar em tirar o melhor proveito do seu trabalho e da sua vida como uma mulher no mercado de trabalho.

Mas fique atenta, uma desvantagem para as mulheres é que as pessoas podem se lembrar de que, antes de ser diretora de marketing, você trabalhou em um cargo muito inferior, como assistente. No entanto, se você mudar para uma nova empresa como uma diretora de marketing, então você será simplesmente isso: a nova diretora de marketing. Você pode pensar que isso seria igual para os homens, e é verdade, mas o fato anterior, de ter trabalhando em um cargo júnior parece, na nossa experiência, ter um maior impacto negativo sobre a carreira de uma mulher. Se quiser testar esta teoria na sua empresa, pense em mulheres, de um nível superior, que permaneceram na organização, e depois compare-as com as mulheres que entraram na empresa nos últimos anos.

Reflexão. É interessante consultar alguns dos exercícios do capítulo sobre auditoria de carreira, especialmente os tópicos que abordam o currículo pessoal e a linha do tempo, e refletir sobre seu padrão de movimento em vários trabalhos e organizações. Compreender sua jornada, as decisões que você tomou, a lógica para essas decisões e a facilidade ou dificuldade que enfrentou até o momento a ajudarão no futuro.

OBTENDO AJUDA

Ajudar-se, tendo conhecimento sobre si mesma, é uma maneira de garantir que você prosperará e sobreviverá no mundo de trabalho complexo e em constante mudança de hoje. No entanto, há também outras fontes de assistência que podem ser utilizadas, mas, como tudo neste livro, sugerimos que você deve ser organizada e estratégica na forma como usa esses recursos. No gráfico a seguir, ilustramos algumas das principais fontes de ajuda mencionadas por muitas de vocês.

Reflexão. Nesta fase, vale a pena pensar quais são as suas fontes de ajuda, quão úteis elas são e com que frequência você as acessa.

Fontes de ajuda

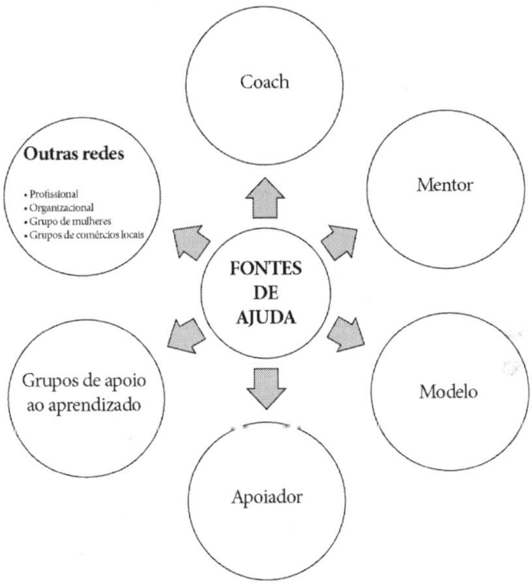

Vamos olhar para cada uma destas fontes de ajuda e avaliar qual poderá ser o seu papel em ajudar e apoiar a si mesma.

• **Coach** — nos últimos anos, o coaching tornou-se um método incrivelmente popular para apoiar o desenvolvimento pessoal de qualquer pessoa. O principal benefício é que um coach se concentrará puramente em ajudá-la a trabalhar em sua agenda de desenvolvimento. Existem muitos tipos diferentes de coaches, incluindo executivos, de liderança, de negócios e de vida. Independentemente de como o coach se classifique, o importante ao trabalhar com um é garantir que vocês trabalhem bem em conjunto e desenvolvam um relacionamento aberto, confiante e mutuamente respeitoso. Em muitos casos, os chefes fornecem apoio de coaching, e isso pode ser bem-sucedido, no entanto, você deve estar ciente das implicações de ter o chefe como coach: por exemplo, impacto na promoção, discussões sobre avaliação de desempenho, e assim por diante.

O papel de um coach não é dizer-lhe o que fazer, mas sim apoiá-la e desafiá-la. A fim de obter o melhor de qualquer relacionamento de coaching, você deve ter um propósito e objetivos com os quais trabalhar. Realmente não adianta simplesmente conseguir que um coach a ajude sem uma posição ou objetivos claros. Um bom coach sempre vai querer saber quais são suas metas e objetivos para o relacionamento antes de concordar em trabalhar com você. Algumas pessoas acham útil trabalhar com o mesmo coach durante muitos anos, chamando-o como e quando necessário, enquanto outras têm muitos relacionamentos de coaching diferentes, muitas vezes dependendo da necessidade específica do momento. De fato, aprendemos que muitas das mulheres que entrevistamos para o nosso livro anterior tinham tido uma variedade de relacionamentos de coaching ao longo dos anos.

Muitas nos disseram que trabalhar com coaching tem sido uma das experiências mais gratificantes e úteis que tiveram na construção e desenvolvimento do sucesso de sua carreira.

"Tive várias sessões e vi uma enorme melhoria, trabalhei em mim, no meu estilo e no estilo da minha equipe."

Usar um coach profissional externo pode, é claro, ser caro e, portanto, não está disponível para todas. Mas isto não deve lhe impedir. Pode ser igualmente benéfico envolver-se em uma relação de co-coaching com um colega de confiança que também sinta que o coaching seria benéfico. Se isto é algo que lhe interessa, é importante estabelecer regras e processos básicos para trabalhar em conjunto, tais como:

- Cronograma das reuniões — regularidade e duração.
- Combine uma hora e data para a sua próxima reunião sempre que se encontrarem. Não deixe essa nova data em aberto.
- Adoção de processos:
    - Chegue a um acordo sobre a meta para a sessão.
    - Questione, teste o entendimento, sintetize, resuma e esclareça.
    - Compartilhe experiências apropriadas.
    - Cuidado com a oferta de conselhos — coaching não é um aconselhamento, é um trabalho em conjunto para resolver os problemas.
    - Acima de tudo, comprometa-se com a total confidencialidade.

Este tipo de experiência de co-coaching é muitas vezes oferecida durante workshops e programas de desenvolvimento, onde, como parte do processo, os organizadores formam pares de coaching para trabalharem juntos em algum tema. Seguir o mesmo esquema e processos para a prática diária de coaching no trabalho pode ser benéfico.

Se esta é uma área que lhe interessa, *The Leader's Guide to Coaching and Mentoring*, de Mike Brent e Fiona Elsa Dent, que inclui muitas dicas para desenvolver relacionamentos de coaching e mentoria de boa qualidade, é uma leitura interessante.

- **Mentor(a)** — um relacionamento com um mentor difere de um relacionamento com um coach porque um mentor tende a ser alguém mais experiente do que você e que está disposto a trabalhar para compartilhar sua experiência e conhecimento e oferecer apoio e orientação. Um bom mentor terá muitas das mesmas habilidades que um coach — ouvir, questionar, empatizar, apoiar, desafiar — mas será diferente porque um mentor provavelmente se concentrará mais no papel do trabalho e nas questões de desenvolvimento de carreira, em vez de na gama mais ampla de questões de desenvolvimento que podem ser trabalhadas com um coach.

Você também pode descobrir que um mentor oferecerá orientação e conselho, e para muitas pessoas o relacionamento perdurará por muitos anos.

O político americano John Crosby resumiu bem a relação na seguinte citação: "A mentoria é um cérebro para decidir, um ouvido para ouvir e um empurrão na direção certa."

Também vale a pena notar que um mentor não precisa ser alguém de dentro da empresa (embora para muitos ele ou ela será alguém mais experiente do que você em sua organização); alguns identificam pessoas adequadas em outros ambientes — órgãos profissionais, redes externas, família e amigos, para citar alguns. Não tenha medo de perguntar — muitas pessoas são mentores.

Acreditamos que as relações de mentoria mais bem-sucedidas, abertas e de confiança se desenvolvem quando o aprendiz instiga a conexão e quando a relação não faz parte da sua hierarquia de linha direta. Como as mulheres nos disseram na pesquisa,

"Estou aprendendo mais agora com um mentor forte que respeito do que em qualquer outro momento nos últimos quinze anos."

"A mentoria e orientação de um gerente sênior com influência ajudaram."

"Minha mentora principal ainda é influente na minha vida e somos boas amigas. Ela me ajudou muito e me apoiou durante meus anos em Harvard."

• **Modelo** — quando as mulheres que pesquisamos e entrevistamos falavam sobre seus modelos, elas tendiam a falar sobre aquelas mulheres em sua organização que tinham alcançado posições mais altas e que tinham as características, atributos e nível organizacional a que elas mesmas aspiravam. Muitas também falaram de não haver um número suficiente delas. E aquelas que estavam nesta posição admitiram que não podiam dar apoio a todas.

"Quase nenhuma mulher é inspiração no meu campo, ou não estão suficientemente presentes para serem admiradas."

"Não há um número suficiente de nós (mulheres) em cargos de chefia superior ou no conselho administrativo para agirmos como modelos para as outras."

Uma perspectiva adicional sobre modelos que parece estar emergindo é que, cada vez mais, as referências não são simplesmente pessoas que você pode admirar e aspirar a ser, mas sim pessoas que podem encorajar e inspirar e que podem ter empatia com a sua situação: muitas vezes alguém que já passou por desafios e problemas semelhantes aos que está enfrentando. Muitas mulheres mencionam os membros da família como sendo modelos importantes, principalmente como pessoas que as apoiaram, encorajaram e inspiraram. Então, pense um pouco: quem são os seus modelos? E, lembre-se, eles não são só as mulheres famosas ou aquelas que conquistaram sucesso! (Embora, é claro, elas possam estar entre os seus modelos.)

Também vale a pena mencionar que se você atingir as alturas vertiginosas do sucesso, por favor, lembre-se de ser um modelo de inspiração para outras mulheres. Na nossa pesquisa, parece que ainda há "abelhas rainhas" que se esquecem de fazer isso.

• **Apoiador(a)** — por apoiador, o que queremos dizer é uma pessoa, ou várias, que estão em posição de apoiá-la, recomendar suas capacidades e seu potencial para os outros. Alguém que reconheça seus talentos, ambições e habilidades e esteja disposto a falar sobre isso com outras pessoas relevantes como forma de ajudá-la a construir sua reputação e credibilidade.

Assim, por exemplo, pode ser alguém que está em uma boa posição para ter mais conhecimento sobre oportunidades de carreira ou desenvolvimento.

Muitas vezes, o seu papel é divulgá-la para outras pessoas importantes. Isto poderia ser feito ao mencionar algo que você conquistou e que lhe dá experiência para assumir um cargo de maior destaque ou para colocá-la na lista para uma promoção que você nem sabia que existia. Às vezes, essa pessoa poderá ser também o seu mentor ou um gerente para quem você trabalhou em algum momento.

"Tive a sorte de ter mentores, apoiadores e chefes incríveis que ainda fazem parte do meu *networking*."

Reflexão. Reflita sobre sua carreira até agora e tente identificar quaisquer indivíduos que a tenham apoiado no passado. E quem está cumprindo esse papel no momento? Repare que, nesta área, você nunca deve depender apenas de um padrinho ou madrinha para ser notada ou promovida. Muitas pessoas descobriram isso da maneira mais difícil, quando o apoiador não estava mais disponível ou saiu da empresa, e de repente elas passam a "nadar sem um colete salva-vidas" — o resultado pode ser um descarrilamento!

Então, se você não tem um coach, mentor ou apoiador em sua vida profissional no momento, encontre um!

• **Grupos de apoio ao aprendizado** — por vezes chamados de *action learning groups*, são pequenos grupos de pessoas com ideias semelhantes que se reúnem regularmente. Na nossa experiência, este tipo de processo de apoio à aprendizagem é muito pouco utilizado nos negócios. Os *action learning groups* são criados durante os programas de desenvolvimento, mas tendem a ser desmanchados quando as pessoas regressam à agitação do trabalho e da vida cotidiana. É uma pena, pois este tipo de grupo pode ser extremamente benéfico para o apoio e o desenvolvimento. Eles também ajudam a construir um *networking* mais amplo do que aquele formado apenas por indivíduos em seu local de trabalho.

Um grupo típico compreenderá um conjunto de pessoas que se comprometeram a trabalhar juntas, geralmente para explorar questões que as afetam no momento, mas na realidade o plano e o propósito podem ser o que o grupo desejar que seja. Um processo típico é executado da seguinte forma:

- No início, o grupo concorda com um processo para se trabalhar — frequência das reuniões, local, fluxos de operação, envolvendo um facilitador ou não.
- Concentrem-se em um membro de cada vez (geralmente são necessários pelo menos trinta minutos por membro), que compartilhará com o grupo a questão que deseja explorar e, em seguida, irá descrevê-la com algum detalhe.
- O papel dos outros no grupo é fazer perguntas para ajudar o orador a alcançar uma compreensão mais profunda e precisa da questão, permitindo-lhe trabalhar nas opções, tomar decisões e planejar a ação.
- Os membros do grupo devem evitar dar conselhos, fazer julgamentos ou relacionar a situação do orador com a sua, pois é importante manter o foco na situação do orador enquanto for a vez dele.
- No final da vez de cada pessoa, vocês devem incentivá-la a resumir o que aprendeu e o que planeja fazer.
- Também pode ser útil passar algum tempo no início de cada reunião revisando o que as pessoas alcançaram desde a última vez que se encontraram. Não faz muito sentido simplesmente criar um ambiente de "bate-papo terapêutico" em que as pessoas apenas dividem os seus problemas — o verdadeiro benefício reside no que fazem a respeito deles e na aprendizagem que se pode tirar daí.

O que foi descrito é simplesmente uma sugestão sobre o processo, os melhores grupos desenvolvem o próprio processo para se adequar aos seus membros, suas personalidades e necessidades. Uma das mulheres entrevistadas falou sobre um grupo que ela criou na sua organização.

"Criei uma rede feminina de desafio e apoio na empresa — um pequeno grupo de mulheres que se reúne regularmente para falar sobre o trabalho, os desafios e oportunidades que enfrentamos. Este é um grupo automotivado que se desafia e apoia mutuamente."

• **Outras redes** — existem muitas outras redes por aí que podem fornecer apoio, desafio e informação para ajudá-la de muitas maneiras diferentes. Por exemplo:

- Grupos ligados a organismos profissionais. Estes podem ser úteis de muitas maneiras e incluem frequentemente grupos especializados, por exemplo, "Women in the Media", "Women in Technology", "City Women *Network*" e, claro, o "30% Club". São grupos que merecem ser pesquisados.
- Redes locais muitas vezes associadas a grupos de comércio local ou a Câmaras de Comércio.
- Grupos criados na internet com a intenção de conectar pessoas que pensam igual e compartilhar informação. Por exemplo, existem muitos grupos de interesse disponíveis no LinkedIn.

No que diz respeito às fontes de ajuda, é importante encontrar mecanismos de apoio e pessoas que lhe auxiliem. Por exemplo, algumas mulheres gostam de trabalhar com um coach, mas não gostam da ideia de um *networking* maior que se forma em grandes eventos de grupos profissionais, enquanto outras sentem o contrário. Realmente não importa, a questão aqui é que você não precisa fazer isso sozinha. Há sempre possibilidades de apoio, basta procurá-las.

Há muitas outras formas de obter ideias, ajuda e conselhos de outros. Os livros são uma grande fonte de ideias. Por exemplo:

- Em seu livro, *Thrive: The Third Metric to Redefining Success and*

Creating a Life of Well-Being, Wisdom and Wonder, Adriana Huffington escreveu profundamente sobre os desafios e demandas pessoais de uma carreira de sucesso para uma mãe que trabalha.
- Duncan Bannatyne escreveu um excelente livro, *Wake Up and Change Your Life*, sobre como criar o seu próprio negócio — e como explica, ele passou de ter nada aos trinta anos para ser milionário aos 37.
- Reid Hoffman (cofundador do LinkedIn) e Ben Casnocha escreveram um livro interessante sobre como aplicar os princípios do empreendedorismo de sucesso à sua carreira, *The Start-Up of You*.

Também vale a pena ler não só livros de pessoas famosas sobre sua jornada, mas também livros sobre questões que parecem afetar a carreira das mulheres. Por exemplo:

- *Nice Girls Still Don't Get the Corner Office: Inconscious Mistakes Women Make that Sabotage Their Careers*, de Lois P. Frankel — um livro prático cheio de ideias sobre como obter sucesso.
- *Mrs Moneypenny's Careers Advice for Ambitious Women*, de Heather McGregor — vários conselhos, dicas e ideias para o sucesso da carreira.

Como tudo o mais que sugerimos, os livros são uma área muito pessoal, então por que não pesquisar na internet ou ir até uma livraria e encontrar aqueles que funcionam para você?

FAZENDO ACONTECER

A maioria das mulheres que entrevistamos e muitos comentários feitos na nossa pesquisa indicaram que esperar para ser notada e para que as coisas aconteçam simplesmente não funciona. A proatividade e ação positiva parecem ser o segredo. Quando pedimos às mulheres os conselhos que elas dariam ao seu eu mais novo, a dica não tinha necessariamente a ver com a idade: as gerações Y, X e as baby boomers, todas tinham muitos pontos de vista semelhantes. Assumir mais riscos, seguir seus sonhos, ser mais estruturada, assumir responsabilidades mais cedo, ir atrás do que deseja, ser ousada, seguir seus instintos, arriscar, fazer algo que gosta e, na maioria das vezes, ter confiança e confiar mais em si mesma, para conquistar o que deseja, foram temas comuns.

Os comentários típicos incluem:

"Gerencie o seu destino de uma forma mais estruturada."

"Siga seu sonho, corra atrás da carreira que realmente quer."

"Acredite em você, seja menos emocional, tenha a visão de onde você quer chegar e permaneça fiel a ela."

"Pare de inventar desculpas sobre falta de habilidade e tente."

"Arrisque-se. Não se preocupe em ter uma vida planejada e fazer as coisas na ordem certa."

"Três regras simples para a vida: 1. Se você não for atrás do que quer, nunca conseguirá. 2. Se nunca perguntar, a resposta será sempre NÃO. 3. Se não der um passo para frente nunca sairá do lugar."

"O medo do desconhecido e o medo de falhar só irão lhe impedir! Tente aprender o máximo possível com colegas e supervisores experientes sem se distanciar do seu conjunto de habilidades e verdadeiro eu. Fique calma quando parecer que não está chegando a lugar nenhum..."

"Persevere. Gerencie o equilíbrio entre sua carreira e casa. Certifique-se de que gosta do que está fazendo — se não for interessante e envolvente, está na hora de mudar".

"Não leve a mal quando alguém lhe ofender, aprenda a se comunicar da maneira certa e sem ser agressiva. E, às vezes, você simplesmente irá perder, então relaxe e use sua energia para buscar algo melhor."

"Dadas as circunstâncias — cultura, país, negócio — eu não poderia ter feito melhor. Com a minha experiência atual, talvez tivesse crescido um pouco mais rápido, mas no geral, a vida que tenho agora é absolutamente incrível."

"Não arrume um gato ou um namorado, laços emocionais lhe deixam presa. Fique solteira e vá para a universidade. Também diria 'vista-se para o trabalho que quer, não para o trabalho que tem'".

"Seja automotivada e aproveite as oportunidades. Considere as suas opções com cuidado. Um conselho que me foi dado nos meus vinte anos e que gostaria de transmitir às outras mulheres mais jovens, foi passado pela diretora geral do London Borough, onde trabalhei durante a década de 1980. Ela disse: 'Ao candidatar-se a um emprego, olhe para a descrição do trabalho (JD — *job description*) como um homem faria. Um homem tende a olhar para um JD e dizer: eu posso fazer isso, posso fazer aquilo etc. Uma mulher geralmente olha para um JD e destaca as áreas que ela não pode fazer.' Assim, o conselho é pensar positivo e se concentrar em seus pontos fortes, ninguém é perfeito e todas nós precisamos aprender novas habilidades enquanto progredimos em nossas carreiras."

"Eu aconselharia o meu eu mais jovem a acreditar mais em si mesma e abrir a minha mente para a 'arte do possível'. Tentaria garantir que tivesse acesso a líderes inspiradores que pudessem me orientar e ajudar no início da carreira. Diria que é melhor tentar e falhar do que nunca ter tentado. Também diria para ser verdadeira comigo mesma e que não há problema em me afastar de algo ou de alguém se isso não estiver me fazendo sentir bem. Finalmente, eu diria que se você puder se colocar no lugar dos outros e entender como é estar lá, terá mais chance de construir grandes relacionamentos que serão mutuamente recompensadores. Intelecto é uma coisa, mas a inteligência emocional e a intuição podem levar alguém muito longe e as pessoas se lembrarão se você tiver tempo para ajudá-las em sua jornada. Também é pessoalmente gratificante quando se pode fazer essa diferença."

Reflexão. Vemos que o desafio começa em saber o que você quer do seu trabalho. Aqui estão algumas ideias práticas para você organizar estratégias e se preparar para o futuro da sua vida profissional. Faça uma avaliação rápida do seu nível de satisfação com a sua situação atual, preenchendo o seguinte formulário:

20 perguntas sobre sua carreira			
	Perguntas propostas	**Sim/ não/ não tenho certeza**	**Anotações**
1	Você está feliz com seu trabalho, função ou carreira no momento?		
2	Gosta do seu trabalho?		
3	O seu trabalho é intelectualmente satisfatório?		
4	Sente-se ansiosa ou deprimida com o trabalho?		
5	Acha que há espaço para crescer e se desenvolver no seu trabalho atual?		
6	Está trabalhando muitas horas por semana?		
7	Sente que está sofrendo com sobrecarga de trabalho?		
8	Você tem alguém para ajudar a lidar com as pressões do trabalho?		
9	Sente que está no controle da sua carreira?		
10	Sente que tem um propósito na sua carreira?		

11	Está confiante nas suas capacidades no trabalho?		
12	Você tem habilidades e capacidades que não está usando atualmente?		
13	Sabe qual será seu próximo passo na carreira? Dos próximos dois, cinco anos etc...		
14	Sente-se reconhecida pelo seu trabalho?		
15	O seu salário e benefícios são justos e equitativos (em relação aos colegas do sexo masculino)?		
16	Está feliz em seu ambiente de trabalho?		
17	Trabalha para um chefe que a apoia?		
18	Você tem colegas que a apoiam?		
19	A sua família e amigos a apoiam?		
20	No geral, você está feliz?		
Resuma suas anotações, percepções e ideias			

RESUMINDO

Acreditamos que você deva rever regularmente sua vida profissional e, muitas vezes, é surpreendente o tempo que as pessoas levam adiando isso. Muitos dos conselhos de carreira e formas de se treinar também se aplicam aos homens — vários tópicos são neutros em termos de gênero. Mas as carreiras das mulheres também diferem em alguns aspectos. Uma coisa óbvia que ouvimos frequentemente é que as mulheres pensam muito mais sobre as razões pelas quais **não devem** aceitar uma oportunidade do que sobre **as razões pelas quais o devem fazer**. Se você não levar nenhum ensinamento desse livro, então por favor lembre-se apenas de *Five good reasons why* e aplique para o resto da sua carreira. Vá fazer a diferença![1]

Você também deve estar ciente de que algumas mulheres sabotam as próprias carreiras. Um exemplo que foi recentemente divulgado na imprensa é sobre a diferença salarial — que, muitas vezes, começa no primeiro emprego e continua em cada nível, com uma grande diferença nos níveis mais altos. Os homens talvez sejam melhores em negociação e em "pedir" e as mulheres sejam mais receptivas. Por exemplo, como Sheryl Sandberg nos disse em seu livro *Faça acontecer*, ela aceitou a primeira oferta que Mark Zuckerberg fez ao entrar no Facebook. Quando contou as boas notícias à sua família, seus parentes homens sugeriram que ela poderia conseguir um negócio melhor se fizesse o que muitos homens fariam: negociar! E foi o que ela fez.

Outro bom exemplo é a hesitação. Se isso faz parte de um condicionamento social ou tem relação com nossa personalidade, cultura e preferências familiares não é importante. O crucial é que as mulheres estejam cientes disso e reconheçam quando se comportam dessa forma. Pode parecer simplesmente educado dizer "eu gostaria apenas de perguntar..." ou "isso pode ser uma pergunta tola, mas queria dizer que...",

---

1. Aqui as autoras fazem referência a uma cena de *Peanuts*, em que a personagem Lucy dá cinco boas razões para Linus fazer o que ela havia pedido, numerando enquanto fecha cada dedo da mão, formando um punho no final (N. da E.).

mas a forma como usamos a linguagem significa que outros à nossa volta farão suposições. Em vez disso, utilize frases mais claras e diretas, como "Deixe-me perguntar..." ou "Deixe-me destacar que...".

Por último, os americanos utilizam por vezes o termo *savvy* [sagaz] para designar alguém que é inteligente e esperto para conseguir o que quer. Esperamos que você seja sagaz em sua carreira e lembre-se de que, embora a sorte muitas vezes tenha um papel importante no sucesso, planejar e assumir a responsabilidade por si mesma é muito mais importante.

"Tenha um plano — para este ano, para os próximos dezoito meses, para os próximos três anos. Seja consciente sobre os passos que dá para garantir que permaneça no mercado e atualizada."

"Não tenha medo de deixar uma empresa para progredir e seguir os seus sonhos. Tome as rédeas da gestão de sua carreira e um certo nível de incerteza é ok."

10

O CENÁRIO ATUAL PARA A MULHER NO MERCADO DE TRABALHO

Os capítulos anteriores deste livro foram sobre VOCÊ e sua carreira, mas este se propõe a delinear o quadro geral. O que está acontecendo exatamente para as mulheres no mercado de trabalho no momento, e qual foi a jornada para as mulheres nas gerações anteriores? Então, vamos começar com o aqui e agora.

Em alguns aspectos, a situação das mulheres no mercado nunca foi melhor. Você pode decidir começar a própria empresa, entrar para a política, negócios, direito, vida acadêmica, contabilidade, medicina, marketing, ou praticamente qualquer área. O horizonte para muitas mulheres hoje é muito mais brilhante do que era para as gerações anteriores, mas ainda assim... Vamos começar com algumas histórias.

> Uma mulher é gerente sênior em uma grande empresa de alta tecnologia na qual ela ingressou após a universidade. Ela foi crescendo gradualmente ao longo dos anos em termos de responsabilidade e orçamentos de que cuida. No entanto, quando compara sua carreira com a dos colegas homens, percebe uma

clara desconexão — eles receberam prêmios maiores e mais promoções (para não mencionar bônus). É difícil pontuar as razões que levaram a isso, certamente não está relacionado a diferentes níveis de motivação e ambição. E, há alguns anos, quando entrou em licença-maternidade, o projeto em que estava trabalhando foi assumido por um assistente que ela tinha recrutado. Quando voltou, alguns meses depois, descobriu que esperavam que ela se reportasse a ele!
Gerente sênior, indústria de tecnologia, na casa dos trinta anos.

Eu me considero sortuda porque me formei recentemente e consegui um ótimo emprego em uma indústria realmente interessante. Não poderia ser melhor, mas percebo que, embora haja mulheres entre os meus colegas, quando olho acima do meu nível, vejo poucas. Quase nenhuma faz parte das diferentes equipes de gestão sênior.
Líder de projeto, farmacêutica, na casa dos vinte anos.

Ambas situações são reais e ilustram o tipo de experiências que ouvimos regularmente das mulheres no mercado. Por vezes, são julgadas de forma diferente dos homens, algo que pode acontecer em pequenas, médias e grandes empresas. Nós conhecemos centenas de mulheres inseridas no mercado a cada ano no decurso do nosso ensino, consultoria, coaching e trabalho de pesquisa. Algumas estão trabalhando no setor público, enquanto outras estão em grandes empresas do setor privado, e em muitos setores da indústria e continentes diferentes, ouvimos situações semelhantes. Há, sem dúvida, alguns empregadores extraordinariamente bons que trabalham arduamente para criar bons locais de trabalho para as mulheres, mas isso ainda não é verdade na maioria das empresas.

Por vezes, é o ambiente de trabalho que não é "*women-friendly*". Uma firma profissional investigou recentemente as razões pelas quais as mulheres não progrediam ao nível do parceiro. Uma das questões identificadas foi a falta de opções de carreira; muitas mulheres sentiram que pesava contra elas, para promoção e progressão, o fato de talvez não querer trabalhar longas horas extras que eram a "norma" em todas as áreas do negócio.

Outro grande empregador do setor financeiro ficou recentemente chocado ao verificar que determinado número de mulheres na casa dos trinta anos, que estavam saindo do mercado de trabalho, não estava deixando-o para serem mães em tempo integral. Isto é o que a empresa tinha presumido. Em vez disso, essas mulheres estavam se posicionando contra a dura cultura machista na empresa e se mudando para outras companhias que apoiavam mais a família e as funcionárias mulheres, onde poderiam encontrar mais apoio e encorajamento para as suas carreiras.

Alguns dos problemas de carreira mais mencionados quando fazemos coaching com mulheres são:

- Lidar com uma cultura machista, com um estilo de gestão duro (às vezes bullying). Muitas vezes, o foco está na "tarefa" e exclui ou ignora as questões "pessoais".
- Nenhuma inspiração a seguir: algumas indústrias têm poucas mulheres nos níveis de gerência média ou sênior. Em algumas áreas — como a microeletrônica — poucas mulheres são encontradas em qualquer nível. Em uma pesquisa de larga escala conduzida pela Opportunity Now, um grupo de mulheres de 28 a quarenta anos foi questionado sobre inspirações a seguir. Mais de metade das inquiridas afirmou que havia poucos modelos a seguir no seu local de trabalho.
- Falta de confiança.
- Equilíbrio entre trabalho e vida privada: conciliar o trabalho com questões familiares ou pessoais.
- Sem oportunidades imediatas de promoção.
- Atitude paternalista de gerentes mais velhos e em níveis mais altos.
- Dificuldade de administrar a sua carreira com a do parceiro — mudança do local de trabalho ou problemas para conciliar as responsabilidades familiares com as duas carreiras.

Reflexão. Você pode considerar neste ponto qual seria a sua resposta a algumas perguntas típicas de coaching:

Como é ser uma mulher em sua empresa/ profissão? Você sente que encara alguma barreira particular por ser mulher?

Mais adiante retornaremos a esse cenário atual, mas primeiro, gostaríamos de contar um pouco sobre como as coisas mudaram para diferentes gerações de mulheres. Pedimos licença a qualquer uma de nossas leitoras que já tenham essa informação ou àquelas que normalmente acham a história um pouco chata. No entanto, é uma história que está longe de ser entediante, e gostaríamos de lhe contar sobre a extraordinária jornada que as mulheres trabalhadoras encararam. Algumas das primeiras mulheres a estudar na Universidade de Cambridge mentiam que estavam indo à confeitaria para comprar bolos — só para o caso de alguém desconfiar de que estavam frequentando aulas. Na verdade, houve até mesmo manifestações públicas contra a admissão de mulheres em universidades, e alguns dos professores que ensinavam naqueles primeiros momentos também tiveram que ser discretos.

Se voltarmos o suficiente, houve um tempo em que as mulheres eram proibidas nas universidades ou funções públicas, além de não poderem exercer carreiras em direito, medicina ou contabilidade. Uma decisão tomada simplesmente por causa do gênero. As mulheres não podiam votar e não tinham direito a uma educação universitária, não havia deputadas e nenhuma mulher ocupava cargos ministeriais no governo. No Reino Unido, não havia advogadas ou juízas, e nem uma única mulher podia exercer a advocacia até 1922, quando Ivy Williams se formou. Ivy também se tornou a primeira mulher a ensinar direito em uma universidade do Reino Unido. E, para o caso de pensar que se trata de eventos do início do século XX, uma lei que impedia as mulheres casadas de trabalhar existiu até a década de 1970 em partes do serviço público. Esperava-se que as mulheres se demitissem quando se casassem.

Até a legislação sobre igualdade salarial na década de 1970, era possível, e legal, que as empresas pagassem salários diferentes devido ao gênero. Isso normalmente significava que as mulheres recebiam menos — pode ter existido casos em que os homens recebessem menos, mas nenhuma de nós soube de exemplos. O filme *Revolução em Dagenham* (2010), é um bom exemplo do que aconteceu. Um caso atual sobre igualdade de remuneração envolvendo um grande supermercado do Reino Unido. Vamos continuar com os anos 1970 por enquanto.

DOS ANOS 1970 ATÉ AO SÉCULO XXI

Eleanor Macdonald não é um nome muito conhecido hoje em dia, mas realmente merece uma fama maior. Ela morreu com 93 anos em 2004 e foi uma pessoa determinada, de opinião e encantadora que amava um desafio: qualidades que foram muito úteis para a sua campanha na fundação do Women in Management em 1969. Ela sentiu que as mulheres não conseguiam oportunidades justas e, juntamente com outras mulheres pioneiras, criou uma rede para ajudar a resolver este problema. Elas precisavam de mais apoio, mais incentivo e, acima de tudo, mais ferramentas e técnicas para ajudá-las a construir sua carreira. A maioria das mulheres que trabalhavam naqueles dias era provavelmente secretária, enfermeira ou assistente de loja, e poucas pretendiam tornar-se gerentes. A gerência era definitivamente vista pela maioria como sendo um trabalho de homem, em vez de "trabalho de mulher". Uma mulher gerente era uma ideia nova, e as pessoas (homens e mulheres também) diziam não querer trabalhar para uma gerente. Então, talvez você possa entender o quanto mudou desde então.

Um movimento europeu com aspirações semelhantes foi fundado em 1984, o The European Women's Management Development Network. As conferências eram organizadas em diferentes países todos os anos, e Hamburgo, Estocolmo, Barcelona, Zurique, Amsterdam, Brighton e Milão estavam entre as cidades anfitriãs destes primeiros eventos. A publicidade, e a necessidade que as mulheres tinham desse apoio, muitas vezes resultava no aumento disparado de novos membros após os encontros nacionais. Isto aconteceu, particularmente, na Alemanha, onde, em um curto espaço de tempo, foram lançadas várias redes regionais. Era interessante a semelhança que havia entre as questões relativas às mulheres nos diferentes países. A situação tinha mudado desde 1969, e havia mais mulheres em cargos de gerência, mas ainda no final da década de 1980 (e também durante a década de 1990) era possível participar de reuniões de negócios em que poderia haver poucas mulheres, apenas uma ou, muitas vezes, nenhuma. O mesmo aconteceu nas carreiras governamentais e diplomáticas, onde a presença das mulheres era igualmente escassa.

Até Veronica Sutherland se tornar embaixadora na Costa do Marfim em 1987, as mulheres eram forçadas a se aposentar ao se casar; todas as embaixadoras britânicas anteriores tinham sido solteiras e sem filhos. Hoje em dia, falamos com bastante frequência sobre se as mulheres podem "ter tudo" — ser mulheres de carreira e mães ao mesmo tempo —, mas inúmeras mulheres nos anos 1970 e 1980 escolheram deliberadamente a sua carreira em vez do casamento e da família, e algumas ainda o fazem!

Mas, lentamente, a transformação aconteceu. Duas mudanças surpreendentes ocorreram em esferas muito diferentes — política e espacial. A mudança sísmica política aconteceu quando uma mulher foi nomeada líder de um grande partido e depois, de 1979, por pouco mais de uma década, até 1990, primeira-ministra. O nome dela, claro, era Margaret Thatcher.

Em comparação, o avanço espacial foi bastante esquecido. Em 1991, o primeiro astronauta britânico no espaço foi uma mulher! Helen Sharman, que havia sido química da empresa de chocolate Mars, foi selecionada em meio a quase 13 mil candidatos, e todos os jornais relataram sua conquista com riqueza de detalhes. Ela passou um ano se preparando para sua viagem ao espaço, e um traje espacial teve que ser feito especialmente para ela — Helen recentemente comentou que esse foi o único traje já foi feito sob medida para ela!

Portanto, não há dúvida de que a situação das mulheres no mercado de trabalho estava mudando, e isso continua. Há agora mais mulheres na ciência e cada vez mais em formação. Um maior número de mulheres ocupa cargos de chefia júnior e plena, mas as mulheres são ainda pouco frequentes nos níveis superiores ou como diretoras de quadro de conselho. O mesmo se aplica a outras áreas. Embora, por exemplo, possa haver mais mulheres na política a nível local e nacional, poucos dos cargos mais importantes são ocupados por mulheres. Podemos ter tido uma mulher como primeira-ministra, mas ainda não houve outra, e ainda não há igualdade em todos os níveis. Isto significa que, em todo o mercado de trabalho, há poucos modelos para as mulheres mais jovens se encorajarem e inspirarem. E um ponto importante para as mais jovens é que há muito menos modelos de mães atuando no mercado de trabalho.

Um grande número de pessoas que respondeu ao nosso questionário comentou o desafio que é combinar família e carreira, e muitas delas "optaram por não regressar após a primeira licença-maternidade ou com a chegada de um segundo bebê". Carolyn McCall, diretora executiva da EasyJet, reconhece os problemas e lançou iniciativas no âmbito da empresa para criar um ambiente mais favorável às mulheres, incluindo a mentoria para mulheres mais jovens que estão iniciando sua carreira e procurando formas de aumentar (e manter) o número de pilotos do sexo feminino.

AS "PRIMEIRAS VEZES" E OS MARCOS DAS MULHERES

Ainda há muitas "primeiras vezes" em que uma mulher está ocupando determinado posto, como mostrado nos exemplos recentes a seguir.

O último exemplo, na Universidade de Oxford, é definitivamente um evento histórico, quebrando tradições de quase oitocentos anos.

• **2009: Anne Pringle** foi a primeira embaixadora britânica em Moscou desde que os laços diplomáticos foram estabelecidos há 450 anos.

• **2010: A prof.ª Dame Sally Davies** foi nomeada diretora médica da Inglaterra, a primeira mulher a ocupar este cargo.

(Nós entrevistamos Dame Sally Davies para o nosso livro anterior, *Women in Business: Navigating Career Success.*)

• **2013:** Quarenta anos depois que a primeira mulher ingressou no Lloyd's of London, o mercado de seguros de 325 anos nomeou sua primeira diretora executiva, **Inga Beale**.

• **Marjorie Scardino**, antiga CEO da empresa de mídia Pearson, foi nomeada para o conselho do Twitter depois de criticar um conselho de diretoria totalmente masculino. (Marjorie Scardino foi a primeira mulher a dirigir uma empresa, dentro do índice FTSE 100, em 1997.)

• **Sharon White** tornou-se a primeira mulher nomeada secretária permanente do Tesouro.

• **2014: Laura Wade-Gery** foi promovida a liderar as oitocentas lojas da Marks & Spencer no Reino Unido como parte de uma renovação da diretoria. Ela é a primeira mulher a liderar o negócio de M&S no varejo, e entrou para o conselho em 2011.

• **2015:** A Deloitte nomeou a veterana **Cathy Engelbert** como diretora executiva, fazendo dela a primeira mulher a se tornar CEO de uma grande empresa de contabilidade e consultoria nos Estados Unidos. Ela entrou para a empresa em 1986.

• **Louise Richardson**, nomeada vice-chanceler da Universidade de Oxford, é a primeira mulher a ocupar este cargo em quase oitocentos anos! É também interessante notar que, quando a prof.ª Richardson entrou para a Universidade de St. Andrews, em 2009, ela era a única mulher na equipe sênior.

Você pode se interessar em conhecer alguns outros marcos para as mulheres no mercado de trabalho. Nós os dividimos em períodos de tempo para destacar as diferentes décadas.

Cinquenta anos de marcos para mulheres no mercado de trabalho

Década de 1960

1964 Mary Kendrick é a primeira mulher a receber a medalha de ouro do Institution of Civil Engineer's Thomas Telford pelo seu trabalho — e liderou a expedição de campo inicial na Barreira do Tâmisa.

1969 É fundada a Women in Management.

Década de 1970

1970 Legislação sobre igualdade de remuneração no Reino Unido.

Barbara Castle, a deputada responsável por introduzir essa lei, era uma grande defensora dos direitos das mulheres.

1976 Anne Warburton é a primeira mulher a ser embaixadora britânica. Foi embaixadora na Dinamarca de 1976 a 1983.

Divina Galica é a primeira mulher a competir na Fórmula 1. Houve apenas cinco pilotos do sexo feminino na Fórmula 1 — incluindo, mais recentemente, **Susie Wolff**, que se juntou à equipe Williams em 2014.

1979 Margaret Thatcher é a primeira mulher a se eleger primeira-ministra no Reino Unido.

Década de 1980

1982 Harriet Harman é eleita uma das dez deputadas trabalhistas do Parlamento.

1983 A cientista **Janet Thomson** é finalmente autorizada a entrar em um navio de pesquisa para a Antártica, tornando-se a primeira mulher a trabalhar dentro do Círculo Antártico. Ela havia lutado por isso durante dezoito anos, até finalmente ganhar a discussão, que decidiu que as mulheres poderiam trabalhar nas estações de pesquisa.

Mary Donaldson é a primeira mulher eleita prefeita da cidade de Londres.

1984 É inaugurada a European Women's Management Development Network. Com sede em Bruxelas, as redes nacionais rapidamente se espalharam para o Reino Unido, França, Alemanha, Bélgica, Holanda, Espanha, Suíça e Itália.

Beverly Lynn Burns é a primeira comandante de um Boeing 747 (no dia 18 de julho, para ser precisa, em um voo de Newark para Los Angeles).

Ela é uma inspiração para muitas jovens americanas.

Brenda Dean é a primeira mulher eleita para dirigir um grande sindicato no Reino Unido.

1985 Sian Griffiths torna-se uma das primeiras mulheres bombeiro da Grã-Bretanha.

1987 Milhares de pessoas são inspiradas por **Diane Abbott** quando ela se torna a primeira deputada negra do Parlamento britânico em 1987.

Década de 1990

1991 A primeira piloto feminina da RAF é **Julie Ann Gibson**. As mulheres pilotaram aviões na Segunda Guerra Mundial e podiam servir na Força Aérea Auxiliar das Mulheres (WAAF). (Para ler mais sobre esses tempos, veja Spitfire Women of World War II, escrito em 2008, por Giles Whittell.)

1992 (até 2000) Betty Boothroyd é a primeira, e até agora a única, mulher eleita presidente da Câmara dos Comuns.

Stella Rimington é a primeira mulher diretora geral do Serviço de Segurança britênico, MI5, (até 1996), e também a primeira diretora geral cujo nome foi publicado quando foi nomeada.

1993 Karren Brady nomeada diretora administrativa do Birmingham City Football Club.

1994 Jo Salter é a primeira piloto de jato rápido operacional — voando o Tornados (avião de caça) com o esquadrão 617.

1995 Pauline Clare em Lancashire é nomeada chefe da polícia e é a primeira mulher a realizar este trabalho.

Alison Hargreaves é a primeira mulher a escalar o monte Everest sozinha e sem oxigênio. Ela morreu mais tarde naquele ano, tentando escalar o K2, uma das montanhas mais difíceis do mundo.

1997 Marjorie Scardino, na Pearson, é a primeira CEO de uma empresa líder no Reino Unido (segundo o FTSE 100).

1998 Heather Hallett é a primeira mulher a presidir o Bar Council, que representa advogados na Inglaterra e País de Gales.

1999 Clara Freeman é a primeira mulher nomeada para o conselho de administração da Marks & Spencer.

Década de 2000 em diante

2000 A revista Management Today lança a premiação Thirty-Five Women Women Under Thirty-Five [35 mulheres com menos de 35 anos, em tradução livre]. Com o sucesso, os prêmios atingiram o seu 15º aniversário em 2015.

2001 Clara Furse é a primeira mulher executiva da Bolsa de Valores de Londres (até 2009).

2005 A Carta Athena SWAN foi lançada para incentivar as carreiras das mulheres nos campos da ciência, tecnologia, engenharia, matemática e medicina.

2009 Kirsty Moore é a primeira piloto da equipe Red Arrows (2009-2012).

2010 É lançado o 30% Club, que tem como objetivo persuadir as principais empresas do Reino Unido (FTSE 100) a nomear mais mulheres para o conselho diretor, avançando em direção a uma meta de 30%.

Nancy Rothwell é a primeira mulher vice-chanceler da Universidade de Manchester — a maior universidade do Reino Unido.

Kathryn Bigelow é a primeira mulher a ganhar o Oscar por melhor direção. Recebido pelo filme de guerra de baixo orçamento sobre o Iraque, Guerra ao terror.

2012 Debbie Jevans é nomeada diretora de esporte para os Jogos Olímpicos de 2012. Ela foi jogadora de tênis profissional e agora é diretora executiva do England Rugby (Copa de 2015).

Adeline Ginn fundou o Women in Rail para fornecer apoio e oportunidades de networking, bem como promover a indústria como uma escolha de carreira atraente para outras mulheres: Leia o "Being a Woman Isn't a Barrier to Working in the Rail Industry" disponível em: <http://www.theguardian.com/women-in-leadership/2015/may/15/being-a-woman--isnt-a-barrier-to-working-in-the-rail-industry>.

2014 A princesa Ana é a primeira mulher convidada a participar do Royal and Ancient Golf Club of St. Andrews. Em **2015**, as golfistas **Laura Davies, Renée Powell, Belle Robertson, Louise Suggs, Lally Segard e Annika Sorenstam** também aceitaram convites para se tornarem membros honorários. Dos 2.400 sócios do clube, 85% votaram por admitir mulheres pela primeira vez em seus 260 anos de história.

Susie Wolff (mencionada anteriormente) é a primeira mulher a participar em uma corrida de Fórmula 1 em 22 anos em Silverstone, no Grand Prix da Inglaterra.

2015 Após as eleições gerais de 2015 no Reino Unido, o número de mulheres no

Parlamento aumentou em um terço. É o maior aumento desde 1997. Dos 650 assentos, aproximadamente 29% dos deputados, e quase metade de todos os deputados trabalhistas, são mulheres. Anteriormente, as mulheres detinham 23% de todos os lugares. No entanto, nem tudo é bom — o Partido da Independência do Reino Unido (UKIP), os Democratas Liberais e o Partido Democrático Unionista (DUP) não têm deputadas eleitas e alguns partidos não têm nem candidatas.

Mhairi Black foi eleita deputada por Paisley e Renfrewshire South em 2015 aos vinte anos, o que a torna a mais jovem deputada eleita para a Câmara dos Comuns desde, pelo menos, a Lei da Reforma de 1832. Ambos os principais partidos políticos da Escócia são agora liderados por mulheres — **Nicola Sturgeon** lidera o Partido Nacionalista Escocês e Kezia Dugdale lidera o Partido Trabalhista Escocês.

Dame Zaha Mohammad Hadid DBE, arquiteta anglo-iraquiana que projetou, entre outras coisas, a ponte Sheikh Zayed em Abu Dhabi e o Museu Riverside em Glasgow, e ganhou o contrato para construir o estádio dos Jogos Olímpicos de Tóquio 2020, é a primeira mulher a ganhar a medalha de ouro do Royal Institute of British Architects.

MULHERES EM CARGOS DE DIRETORIA EXECUTIVA

Mesmo sendo verdade que, agora, existam mais mulheres na direção executiva, não são muitas, nem encontramos tantas compondo o conselho executivo, apesar de campanhas e debates vigorosos no Reino Unido para aumentar as nomeações de mulheres para conselhos. De fato, há outra data importante, em 2010, quando Helena Morrissey decidiu lançar o 30% Club. Com o mesmo espírito de Eleanor Macdonald, o 30% Club é orientado para a ação e visa inspirar executivos seniores, gerentes executivos e presidentes do mundo corporativo a buscar mulheres talentosas que podem, e devem, estar na sala de reuniões. A meta do clube é que as mulheres sejam ao menos 30% das nomeações para nível de diretoria em empresas líderes, segundo o índice FTSE 100, e uma variedade de eventos e mecanismos de apoio estão disponíveis para ajudar nisso, incluindo a mentoria.

No que se refere às diretoras executivas, vale salientar, antecipadamente, o que queremos dizer quando afirmamos que "não são muitas". Em março de 2015, 23 das quinhentas empresas da Fortune 500 nos Estados Unidos tinham como executiva principal uma mulher. Nas empresas líderes do Reino Unido — as do FTSE 250 — havia apenas dezesseis mulheres diretoras executivas. No topo da pirâmide, entre as cem empresas líderes do FTSE listadas na bolsa de valores do Reino Unido em maio de 2015, o número é seis! Poderia ter havido mais uma se Marjorie Scardino, da Pearson, tivesse ficado no cargo por mais um ano. Em 1997, ela foi a primeira mulher a liderar uma empresa FTSE 100 e construiu um negócio impressionante na Pearson, triplicando os lucros. Não só a empresa agora possui a maior parte das publicações da Penguim Random House e 50% da revista *The Economist*, como também se tornou uma das maiores empresas de publicação e testes educacionais do mundo. Mais recentemente, em 2013, Marjorie Scardino foi a primeira mulher nomeada para o conselho do Twitter — a empresa tinha sido amplamente criticada por ter um conselho exclusivamente masculino.

Também vale a pena olhar para os níveis seniores de certas profissões. Na lei, por exemplo, existem 21 mulheres que são juízas do Supremo Tribunal (de 108 juízes), sete mulheres que têm assento no Tribunal de Recurso (entre 38 pessoas) e uma mulher, a baronesa Hale, no Supremo Tribunal (entre 12 integrantes).

Outro indicador da escassez de mulheres nos negócios veio no início de 2015, quando o jornal *Financial Times* publicou uma lista de cinquenta líderes pioneiros de negócios. A lista apresentava aqueles que definiram tendências, fundaram empresas e, por vezes, ganharam somas significativas de dinheiro ao longo do caminho. As leitoras poderiam ter esperado encontrar um número considerável de mulheres incluídas nesta lista, e você pode querer especular, a essa altura, o que seria um número razoável de encontrar: dez seria muito baixo? Vinte seria mais razoável, ou talvez até mais?

Na verdade, há apenas seis mulheres na lista — todas trabalhando em moda e beleza. Este é um número pequeno e revela o fato de ainda haver muito poucas mulheres, tanto no mundo empresarial quanto empreendedoras que fundaram as próprias empresas.

COMPARAÇÕES INTERNACIONAIS

Você pode estar se perguntando como o Reino Unido está se saindo em comparação a outros países. A evidência sugere que, embora o nosso registro seja razoável, certamente não somos líderes. O Reino Unido está em posição elevada desde 2000 no índice "Women in Work" de 2013, compilado pela consultoria Price Waterhouse Coopers (PwC). O Reino Unido ocupa a décima quarta posição entre as 27 economias desenvolvidas — estava na 18º posição na pesquisa do ano anterior.

Índice de mulheres no mercado de trabalho — Reino Unido, Estados Unidos e Hungria sobem. Austrália, Portugal, Polônia e Irlanda caem

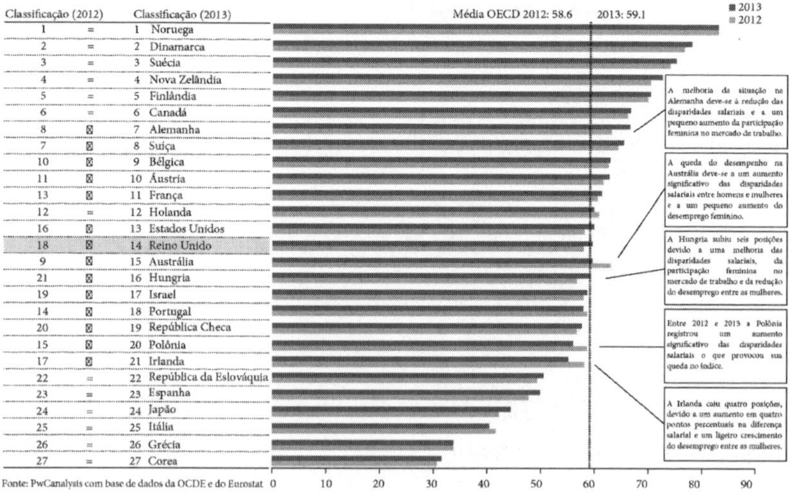

www.pwc.co.uk/the-economy/publications/women-in-work-index.jhtml. Publicado com permissão da PwC.

Internacionalmente, há mais interesse hoje em dia, com mais dados comparativos disponíveis sobre as mulheres no mercado. Na verdade, muitas organizações em todo o mundo publicam as próprias avaliações. Esta é uma notícia muito boa em comparação com, digamos, dez anos atrás, quando havia muito menos interesse pelo tema. Uma série de estudos recentes ilustram algumas questões-chave e fazem eco de muitas conclusões semelhantes às que mencionamos no livro anteriormente, como resumido a seguir. Também entrevistamos mulheres para este livro — e somos gratas às organizações, indivíduos e redes que nos ajudaram a divulgar a pesquisa.

Na década de 1990, a União Europeia organizou uma série de workshops para analisar a situação das mulheres nos meios de comunicação, no rádio e na radiodifusão, e estudou várias formas de incentivá-las a encarar esta área como uma opção de carreira. No entanto, é importante olhar para ambos os lados. Não se trata apenas de quem reporta e escreve sobre a nossa sociedade, mas também de quem está do outro lado — apresentando programas, "na frente das câmeras" e sendo entrevistada. Pense em um relatório da Sociedade Fawcett publicado em 2013. A pesquisa revelou que, em um mês típico, cerca de 72% dos colaboradores do programa *Question Time* da BBC e 84% dos repórteres e convidados do programa *Today*, da BBC Radio 4, eram homens. Se isso acontecesse ocasionalmente — digamos, durante um mês do ano — e se, durante o resto do tempo, os gêneros fossem mais equilibrados, seria interessante. No entanto, trata-se de uma tendência contínua, então está claramente errado, pois não reflete o número de mulheres talentosas que poderiam ser incluídas.

AS MULHERES NO MERCADO HOJE

Esse foi um rápido e muito breve tour de algumas das questões, e algumas das mudanças para as mulheres no mercado de trabalho. Em resumo, existem algumas mudanças positivas e encorajadoras, mas as mulheres ainda recebem salários mais baixos e ocupam muito menos cargos mais altos. Há também a questão do sexismo. Para mais informações sobre isso, leia o site da Laura Bates e o blog semanal Everyday Sexism. Ela também escreve em outro blog semanalmente no jornal *The Guardian* (www.theguardian.com; veja também o site em http://everydaysexism.com).

A boa notícia é que, hoje em dia, as mulheres desempenham cada vez mais papéis de liderança, como o de Christine Lagarde no FMI. Isto é evidente não só nos círculos de negócios, mas em uma variedade de indústrias-chave, tais como moda e outras áreas. Anna Wintour, por exemplo, é editora da revista *Vogue* americana há mais de vinte anos, e é altamente influente no mundo da moda. É também diretora artística da Condé Nast, casa que publica a Vogue. Na política, Nicola Sturgeon foi eleita líder do Partido Nacionalista Escocês. Mas ainda há algumas notícias muito menos positivas, como o baixo número de mulheres em nível de diretoria executiva e compondo conselhos executivos, além da disparidade salarial contínua — isso existe em todos os países, inclusive nos Estados Unidos, e é mais evidente em níveis mais altos.

Além disso, hoje em dia, as mulheres podem trabalhar nas estações de pesquisa britânicas da Antártica. Até vinte anos atrás as mulheres eram proibidas, mas hoje, em média, um terço dos que trabalham em Rothera — a maior estação — é de mulheres. A bióloga marinha Mairi Fenton recorda o que aconteceu aos seus pais (nos anos 1970). Seu pai, biólogo, entrou na estação, mas sua mãe, cientista, não pôde por causa da regra "sem mulheres".

Em uma realidade menos positiva, as mulheres ainda são mais propensas a trabalhar em funções de suporte ao negócio, como RP, RH e marketing. E, embora estes postos de trabalho possam ser um trampolim para cargos seniores e de CEO, é muito menos provável que sejam, em comparação com as nomeações vindas de áreas financeiras, internacionais e operacionais.

Os estereótipos sobre as mulheres continuam. Houve uma confusão na internet, recentemente, questionando se as mulheres seriam muito emotivas para se envolverem na ciência! Uma questão particularmente importante é sobre estilos de liderança e estereótipos — por exemplo, uma abordagem mais centrada nas pessoas por parte de uma mulher pode ser vista como algo suave e meigo, mas se um homem usar esse estilo, ele será muito bem rotulado como inclusivo e coach. Da mesma forma, um estilo de liderança forte pode ser bom para um homem, mas visto como agressivo em uma mulher. Estes são muitas vezes estereótipos inconscientes que podemos manter e raramente debatemos sobre isso.

Tanto nos meios da comunicação quanto na nossa própria pesquisa, parece que, para as mães que trabalham, ainda existe uma relutância por parte dos empregadores em permitir o trabalho de meio período em cargos superiores. O trabalho em meio período é considerado algo que se encaixa aos cargos juniores. Há também estereótipos equivocados, como o de que uma mãe trabalhadora não quer uma carreira, e essas suposições veladas podem ser tóxicas em termos de discussões de planejamento de sucessão e processos de gestão de talentos em empresas maiores. A influência dos meios de comunicação é particularmente interessante no que diz respeito aos estereótipos sobre as mães. A vencedora de 2015 do prêmio de Mulher de Negócios do Ano da Veuve Clicquot, Katherine Garrett-Cox, diretora executiva da Alliance Trust, foi descrita em um artigo de jornal como "mãe de quatro filhos"". E, como alguém rapidamente apontou, os homens raramente são descritos como "pai de quatro filhos".

Há muitas e muitas áreas em que as mulheres fizeram evidentes progressos — a Câmara dos Comuns e o campo político, por exemplo. Mas há muitos outros lugares onde o progresso é extremamente lento. Leia algumas manchetes recentes de artigos de jornais e revistas, que destacam tanto aspectos positivos como negativos, já que isso demonstra estrategicamente as questões que as mulheres ainda encaram.

SOB OS HOLOFOTES: A MULHER E TEMÁTICAS SOBRE AS MULHERES NA MÍDIA

"The Truth About Queen Bee Bosses" ["A verdade sobre as chefes abelhas-rainhas", em tradução livre] — *Times*, 9 jun. 2015.

"Number of Women Working in Digital Industries Decrease" ["Número de mulheres trabalhando na indústria digital cai", em tradução livre] — HR *Review*, 10 jun. 2015. (UK Commission for Employment & Skills)

"One in Five Believe Women Can't Reach Senior Management" ["Um em cada cinco acredita que mulheres não podem chegar à gerência sênior", em tradução livre] — I, 7 ago. 2015.

"Females Not Hopeful for Career Progression in Financial Sector" ["Mulheres sem esperança de progressão de carreira no setor financeiro", em tradução livre] — *HR Review*, 10 jun. 2015. (Relatório da consultoria PwC — PriceWaterhouseCoopers)

"Male Lawyers Receive Bonuses 66% Higher than Females" ["Advogados homens recebem bônus 66% maior que mulheres", em tradução livre] — *HR Review*, 11 jun. 2015.

"Women Still Face a Glass Ceiling" ["Mulheres ainda enfrentam as barreiras de gênero", em tradução livre] — *The Guardian*, 21 fev. 2011.

"Entrenched Macho Work Cultures Deter Talented Female Applicants, Finds Survey" ["Culturas de trabalho machistas enraizadas desencorajam candidatas, diz pesquisa", em tradução livre] — *People Management*, 26 maio 2015.

"What's Holding Women Back?" ["O que está freando as mulheres?", em tradução livre] — *The Economist*, 23 jan. 2015.

"London: Sexism and the City" ["Londres: o sexismo e a cidade", em tradução livre] — *Financial Times*, 16 jan. 2015.

"Where Did All the Women Go?" ["Para onde todas as mulheres foram?", em tradução livre] — *The Grocer*, 13 ago. 2007.

"FTSE 100 Attracts Chief Execs From All Over the World — But Women Are Still a Rarity at the Top" ["FTSE 100 atrai chefes executivos do mundo todo — mas mulheres ainda são raridade no topo", em tradução livre] — *Daily Telegraph*, 20 maio 2015.

"Female Pilots: Aa Slow Take-Off" ["Pilotos mulheres: decolando devagar", em tradução livre] — *The Guardian*, 13 jan. 2014.

"Video Games on the Gender Agenda: Women in the Gaming Industry Talk About Being in a Minority and Their Optimism for More Girls Choosing it as a Career" ["Videogames na agenda de gênero: mulheres na indústria dos games falam sobre ser uma minoria e do otimismo de mais garotas escolherem a carreira", em tradução livre] — *Financial Times*, 5 jun. 2015.

"Stop Blaming Women: Prescribing a 21st Century Approach to

Gender Diversity" ["Parem de culpar as mulheres: prescrevendo uma abordagem para a diversidade de gênero no século XXI", em tradução livre] — Hay Group Report, 2013.

"Male Bonuses Double Those of Women ["Bônus recebidos por homens são o dobro dos recebidos por mulheres", em tradução livre] — BBC News, 20 ago. 2015.

"We Just Don't Do Schlock: Why Women Are Kept from the Heights of the Movie World" ["Nós não fazemos qualquer porcaria: mulheres são mantidas fora do mundo do cinema", em tradução livre] — *The Guardian*, 20 jun. 2015.

"Why a Baby Can Still Ruin Your Career" ["Por que um bebê ainda pode arruinar sua carreira", em tradução livre] — *Daily Telegraph*, 25 jul. 2015.

"Is There Sexism in Science Labs?" ["Existe sexismo nos laboratórios científicos?", em tradução livre] *Inside Science*, BBC Radio 4, primeiro broadcast em 18 jun. 2015.

"Where Are All the Women Creative Directors?", de Lydia Dishman ["Onde estão as diretoras criativas mulheres?", em tradução livre], *Fast Company*. Disponível em: <www.fastcompany.com>, 26 fev. 2013.

"A Third of Women Say Men Are Offered More Opportunities at Work" ["Um terço das mulheres afirma que homens recebem mais oportunidades no ambiente de trabalho", em tradução livre], de Katie Jacobs, *HR Magazine*, 3 jun. 2015.

"5 Myths Keeping Women Out of Science Careers" ["Cinco mitos mantêm mulheres fora das carreiras científicas", em tradução livre], de Yvonne Baker, *The Guardian*, 5 mar. 2015.

"Parenthood and Academia: An Impossible Balance?" ["Maternidade e carreira acadêmica: um equilíbrio impossível?", em tradução livre], Times Higher Education, 4 set. 2014.

"Britain Failing to Build Bridges with Women", de Edward Curwen ["Reino Unido falha em construir pontes para mulheres", em tradução livre], *Times*, 22 jun. 2015.

"Man City Rules: Only 1 in 10 Fund Managers Is a Woman" ["A regra dos homens: apenas um em cada dez fundos de investimento é gerenciado por uma mulher", em tradução livre], de Ali Hussain, *Sunday Times*, 19 jul. 2015.

"Why British Women Need a Diplomatic Coup" ["Por que mulheres britânicas precisam de um golpe diplomático", em tradução livre], de Sue Cameron, *Daily Telegraph*, 9 ago. 2014.

"Half of Employees Say Employers Discriminate Against Working Mothers" ["Metade dos trabalhadores diz que os empregadores discriminam mães trabalhadoras", em tradução livre] — *HR Today Online*, 8 set. 2015.

"Pay Rise for Nearly Third of Female Workers" ["Aumento de salário para quase um terço das mulheres", em tradução livre], *The Guardian*, 3 set. 2015. (O artigo mostra como o aumento do salário mínimo beneficiaria principalmente as mulheres! Os autores esclarecem que as mulheres tendem a ficar agregadas em trabalhos de baixa remuneração)

"Taylor Swift Can Teach British Women a Lesson: Unlike Their Ballsy US Counterparts, Too Many Women Here Opt Out of High-Flying Careers and Don't Become Role Models" ["Taylor Swift pode ensinar uma lição às mulheres britânicas: ao contrário de suas corajosas colegas americanas, muitas mulheres daqui escolhem não seguir carreiras de destaque e não se tornam modelos a serem seguidos", em tradução livre], *Times*, 24 jun. 2015.

Reflexão. Por que não pensar no seu ambiente de trabalho e avaliar a sua empresa/ setor usando as seguintes afirmações no questionário a seguir? Se você for freelancer, ou estiver comandando a própria empresa, então pense nas últimas semanas e considere como as pessoas que conheceu na vida profissional a tratam. Já passou por situações sexistas? A sua organização é "*women-friendly*"? Quanto apoio e aconselhamento de carreira você recebeu do seu gerente e do departamento de RH? É fácil descobrir as oportunidades de promoção dentro da sua área de negócio? As carreiras de homens e mulheres na sua organização progridem à mesma velocidade?

Análise organizacional: dez perguntas-chave

Declaração	Verdadeiro	Falso	Não sei
Homens e mulheres têm a mesma probabilidade de serem promovidos onde trabalho.			
A minha organização facilita a combinação de uma carreira com responsabilidades familiares.			
As mães que trabalham são tratadas com igualdade.			
As oportunidades de treinamento são distribuídas igualmente por gênero.			
Não existe qualquer diferença de remuneração entre os salários dos homens e das mulheres (ou pagamentos de bônus).			
Minha organização faz parte do "Grupo 50%" (há uma divisão de gênero pela metade em cada nível de cargos seniores).			
Existem práticas para atrair mulheres que regressam de licença; por exemplo, a Deloitte tem um programa de doze semanas de "Regresso ao trabalho".			
As profissionais de meio período têm as mesmas oportunidades de carreira que as que trabalham em tempo integral.			

<table>
<tr><td>Existem alguns estereótipos negativos sobre mulheres gestoras na minha organização, por exemplo, assume-se que um homem é um bom gestor, mas uma mulher tem que provar que é boa.</td><td></td><td></td><td></td></tr>
<tr><td>Há modelos femininos em cargos de chefia na minha organização.</td><td></td><td></td><td></td></tr>
<tr><td colspan="4">Suas ideias/ observações sobre as respostas acima:</td></tr>
</table>

Considerar estas questões também a ajudará em uma mudança de emprego. Vale a pena fazer perguntas sobre algumas destas questões durante o processo de recrutamento para determinar o quão amigável a empresa realmente é com as mulheres. Por exemplo: "Qual é o equilíbrio de gênero no nível sênior? E o que a organização faz para ajudar os pais que trabalham? Se na fase de recrutamento tiver a sensação de que o ambiente não é favorável, isso pode significar que a vida das mulheres no trabalho será mais difícil. E, para terminar, algumas palavras da apresentadora e jornalista do "Today", da Radio Mishal Husain:

"As mulheres precisam continuar a lutar. Quando tinha vinte e poucos anos, pensei que a batalha feminista estava ganha, mas à medida que vou envelhecendo, percebo que ainda há trabalho a ser feito. Embora as mulheres mais novas de hoje estejam muito mais conscientes de seus direitos e falem mais sobre suas aspirações, ainda há uma lacuna salarial e barreiras a serem quebradas."

CONCLUSÃO

O objetivo desse livro é demonstrar o valor do coaching de carreira e da estratégia: apresentar formas de como fazer isso, destacar áreas-chave que as mulheres podem usar para desenvolver a própria carreira, e oferecer exercícios práticos, ferramentas e técnicas para ajudar cada mulher a sobreviver e a prosperar. Esperamos ter conseguido, e que este livro tenha oferecido alguns *insights*, dicas e conselhos para ajudá-la a construir uma carreira melhor.

Todos os exercícios que utilizamos irão ajudá-la a concentrar-se no que é importante para si e a compreender-se melhor. Este conhecimento pode ser útil em muitas fases da sua vida profissional. Por exemplo:

- ao liderar uma equipe pela primeira vez;
- no regresso ao trabalho após uma licença-maternidade ou uma interrupção de carreira mais prolongada;
- ao mudar de carreira;
- ao reiniciar a sua carreira;
- ao candidatar-se a uma promoção;
- ao assumir um projeto internacional.

Também é verdade que as carreiras empresariais mudaram de muitas maneiras nos últimos anos, mas ainda existem algumas certezas, como por exemplo:

- Haverá promoções e projetos especiais que acrescentarão algo ao seu currículo. Certifique-se de que sabe quais são.
- Há poucos manuais sobre carreira e informações para ajudá-la a guiar o início de sua vida profissional. Estes são anos cruciais, então encontrar uma boa equipe, ou um grande chefe, vai impactar na sua confiança e desenvolver habilidades que você não sabia que tinha!

- Se você não disser que é ambiciosa, as pessoas ao seu redor provavelmente pensarão que não é. Então, encontre uma maneira de expressar isso aos outros à sua volta.
- As mulheres são mais propensas a migrar para certos cargos — como RH e marketing — que tornam mais difícil ter um currículo perfeito para chegar ao conselho executivo ou assumir a posição de CEO. Esteja ciente das escolhas que faz. Da mesma forma, os papéis internacionais, financeiros e operacionais são, muitas vezes, mais valorizados. Então, se você assumir uma função de marketing ou RH e trabalhar internacionalmente, poderá riscar etapas importantes da sua lista de tarefas.
- Sempre será benéfico dispor de experiência financeira e operacional. Como uma de nossas entrevistadas disse, "Obtenha experiência de Lucros e Perdas o mais cedo possível em sua carreira".

E, finalmente, gostaríamos de oferecer uma série de dicas de sucesso e cinco fatores-chave que ajudarão a construir sua carreira.

DEZESSEIS DICAS PARA O SUCESSO

1. **Negocie!** Quer se trate de salário, promoção, carga de trabalho ou equilíbrio entre trabalho e vida pessoal, lembre-se do poder da negociação e não aceite, simplesmente, o que lhe é oferecido inicialmente. Também vale a pena aprender a dizer "não".
2. Esteja atenta ao **estresse, à pressão e ao potencial de desgaste**: há um preço a pagar por se trabalhar sessenta, oitenta ou mais horas por semana. Aprenda a ser resiliente.
3. Cuidado com **o perigo de querer ser "perfeita"**.
4. **Nunca é tarde demais para mudar** de trabalho, cargo ou setor, ou para começar o próprio negócio.

5. **Mantenha o seu currículo atualizado.** Lembre-se, o seu CV pode abrir ou fechar portas quando você se candidatar a um emprego. Adapte o seu currículo a qualquer trabalho que esteja se candidatando, para garantir que utilizou os termos corretos, tais como "alcançado, negociado, entregue, criado e ganho".
6. **Tenha um plano para sua carreira** e para a sua vida em geral. Não é preciso aderir rigidamente a ele, mas é uma boa ideia saber onde quer estar em dois ou cinco anos. Defina objetivos de carreira e tome tempo entendendo as principais atribuições e habilidades críticas, pense sobre "qual será o próximo passo".
7. **Fale**, contribua, dê um passo à frente, seja voluntária: estes são atributos-chave de que você precisará se quiser ser notada. Pense em você como uma marca.
8. Construa sua **confiança e autoestima**.
9. **Escolha suas batalhas** com sabedoria. Não se desgaste por cada questão no local de trabalho, mas considere por quais vale a pena lutar. Também é bom reforçar que, embora muitas mulheres digam que não gostam de política de empresa — e isso é compreensível — é preciso ter consciência dela. Entenda quem é influente em sua empresa, aprenda sobre várias maneiras de influenciar pessoas diferentes.
10. **Encontre apoiadores** para ajudá-la a alcançar sua carreira — coaches, patrocinadores e mentores são particularmente importantes.
11. **Um(a) bom(boa) chefe** que a apoie (assim como a desafie) pode ajudá-la a desenvolver-se para o próximo nível. Um patrão ruim irá invariavelmente a atrapalhar, embora seja possível aprender com ele o que fazer e não fazer quando você for a chefe!
12. **Construa uma boa equipe** à sua volta. Investir nas pessoas que trabalham com você irá gerar lucros mais tarde.
13. Construa e desenvolva **redes de** relacionamento fortes e relevantes.
14. Ganhe uma reputação de **alguém que cumpre** o que promete.

15. **Compreenda os princípios de um bom coaching**. Você precisa estabelecer metas desafiadoras para si mesma. Nada que seja impossível de alcançar, mas que, ainda assim, seja um desafio.
16. **Seja persistente e determinada**, se quiser algo, então não desista na primeira ou segunda decepção.

SOBRE AS CARREIRAS DE HOJE: CINCO COISAS QUE VOCÊ PRECISA SABER

- **Deixe uma impressão duradoura:** Algumas pessoas vão dizer que o gerenciamento de impressão é uma coisa ruim. Isso pode muito bem ser verdade se for apenas autopromoção externa, sem conteúdo, mas não é isso que queremos dizer. Nós nos referimos ao impacto. Pense em uma empresa com a qual você lida e em quem causou uma impressão em você pessoalmente — e por quê. Muitas vezes, essas pessoas são boas no que fazem, mas notamos que é esse algo extra que torna a transação mais pessoal, mais relevante ou mais eficiente. Este é o tipo de impacto que queremos dizer, então pense no que as pessoas diriam sobre você. Será que a destacarão dos seus colegas, pedirão que faça parte do projeto em equipe?
- **O que importa são as pessoas:** Em todos os níveis de negócio e ao longo das nossas carreiras, são as relações pessoais que fazem a diferença. Um exemplo recente foi uma mulher que recebeu um telefonema de um *headhunter*. Ela estava interessada em um novo cargo em outra empresa? Não, mas conhecia alguém que se encaixava quase perfeitamente no perfil da vaga... e essa pessoa foi entrevistada e ganhou o emprego. Alguém a recomendaria?
- **Trabalhe de forma mais inteligente e não, simplesmente, trabalhe duro:** Você pode ter a melhor reputação do mundo por ser uma trabalhadora esforçada, mas precisa entender os princípios de se trabalhar de forma mais inteligente em vez de apenas dedicar mais horas para o trabalho.

- **Como as pessoas se relacionam por aqui?** Faça a si mesma e aos outros essa pergunta, junte informações e conhecimento — é tudo sobre consciência.
- **Avance:** Apresente-se para novos desafios, oportunidades e promoções. Mesmo que você não as receba na primeira vez, fez questão e demonstrou seu interesse.

DESEJAMOS A VOCÊ A MELHOR SORTE!

Bibliografia

AHMED, A. *Worlds Apart: A Muslim Girl with the SAS*. Londres: Robson Press, 2015.

ANGIER, M.; AXELROD, B. "Realizing the Power of Talented Women". *McKinsey Quarterly*, set. 2014.

BANNATYNE, D. *Wake Up and Change Your Life*. Londres: Orion, 2009.

BINGHAM, L. "Role Models Are Essential To Help Women Reach The Top". *The Guardian*, SET. 2012.

RADY, K. *Strong Woman, The Truth About Getting To The Top*. Londres: Harpercollins, 2013.

BRENT, M.; DENT, F. E. *The Leader's Guide To Influence: How To Use Soft Skills To Get Hard Results*. Harlow: Pearson, 2010.

______. *The Leader's Guide To Managing People: How To Use Soft Skills To Get Hard Results*. Harlow: Pearson, 2014.

______. *The Leader's Guide To Coaching And Mentoring: How To Use Soft Skills To Get Hard Results.* Harlow: Pearson, 2015.

ARTER, L.; SULLIVAN, R. L. *The Change Champion's Field Guide: Strategies And Tools For Leading Change In Your Organization.*

Chichester: John Wiley And Sons, 2013.

CESERANI, J.; HAILSTONE, P. *The Problem Solving Pocketbook*. Alresford: Management Pocketbooks, 2003.

CHARTERED MANAGEMENT INSTITUTE. *Women In Management: The Power Of Role Models*. Chartered Management Institute, 2014.

COFFMAN, J.; NEUENFELDT, B. *Everyday Moments Of Truth: Frontline Managers Are Key To Women's Career Aspirations*. Bain And Company, 2014.

DENT, F. E. *Working Relationships Pocketbook*. Alresford: Management Pocketbooks, 2009.

DENT, F.; RABBETTS, J.; HOLTON, V. *The Ashridge Management Index 2012/13*. Ashridge Business School, 2013.

DONNELLY, M. "The 50 Percent Club". *Mckinsey Quarterly*, Fev. 2015.

FLEMING, K. *The Leader's Guide To Emotional Agility*. Harlow: Pearson, 2015.

FRANKEL, L. P. *Nice Girls Still Don't Get The Corner Office: Unconscious Mistakes Women Make That Sabotage Their Careers*. Nova York: Business Plus, 2014.

GOFFMAN, E. *The Presentation Of Self In Everyday Life*. Londres: Penguin, 1959.

GOLEMAN, D. *Inteligência emocional: A teoria revolucion*ária *que redefine o que* é ser inteligente. Rio De Janeiro: Objetiva, 1996.

HARVARD BUSINESS REVIEW. *Women In The Workplace: A Research Roundup*, Hbr.org., 2015.

HEWLETT, S. A. *Off-Ramps And On-Ramps: Keeping Talented Women On The Road To Success*. Harvard: Harvard Business School Press, 2007.

HOFFMAN, R.; CASNOCHA, B. *The Start-Up Of You: Adapt To The Future, Invest In Yourself And Transform Your Career*. Nova York: Random House Business, 2013.

HOLTON, V.; DENT, F. E. *Women In Business: Navigating Career Success*. Basingstoke: Palgrave Macmillan, 2012.

HONORE, S.; PAINE-SCHOFIELD, C. *Culture Shock: Generation Y And Their Managers Around The World*. Ashridge Business School, 2012.

HUFFINGTON, A. *Thrive: The Third Metric To Redefining Success And*

Creating A Life Of Well-Being, Wisdom and Wonder. Nova York: Harmony, 2015.

HUMPHREY, J. *Taking The Stage: How Women Can Speak Up, Stand Out And Succeed*. São Francisco: Jossey-Bass, 2015.

IBARRA, H.; CARTER, N. M.; SILVA, C. "Why Men Still Get More Promotions than Women". *Harvard Business Review*, v. 88 (9), pp. 80-5, 2010.

IBARRA, H.; ELY, R.; KOLB, D. *Women Rising: The Unseen Barriers*. *Harvard Business Review*, v. 91 (9), pp. 60-6, 2013.

INSTITUTE OF LEADERSHIP AND MANAGEMENT, *Ambition and Gender At Work*. Institute Of Leadership and Management, 2011. Disponível Em: <Www.i-L-M.com>.

KAY, K.; SHIPMAN, C. *The Confidence Code: The Science And Art Of Selfassurance — What Women Should Lnow*. Londres: Harper Business, 2015.

KELLAWAY, L. *The Answers: All The Office Questions You Never Dared To Ask*. Londres: Profile Books, 2007.

LANDEL, M. *Gender Balance and the Link To Performance*. *Mckinsey Quarterly*, Fev. 2015.

MCKINSEY & CO. *Moving Mindsets On Gender Diversity*. Mckinsey Global Survey Results: 2014.

MONEYPENNY (HEATHER MCGREGOR). *Mrs Moneypenny's Careers Advice For Ambitious Women*. Londres: Penguin, 2013.

OPPORTUNITY NOW, *Project 28-40: The Report*. Business In The Community, 2014.

O'REILLY, N. D. *Leading Women: 20 Influential Women Share Their Secrets To Leadership, Business And Life*. Avon, MA: Adams Media, 2015.

OSBORNE, C. *Dealing With Difficult People*. Londres: Dorling Kindersley, 2002.

OWEN, J. *The Leadership Skills Handbook: 50 Essential Skills You Need To Be A Leader*. Londres: Kogan Page, 2014.

POLLITT, A. *Women Who Changed The World: Fifty Inspirational Women Who Shaped History*. Londres: Quercus, 2006.

RUSSELL-JONES, N.; HAILSTONE, P. *The Decision-Making Pocketbook*.

Alresford: Management Pocketbooks, 2000.
SANDBERG, S. *Faça acontecer: mulheres, trabalho e a vontade de liderar*. São Paulo: Companhia Das Letras, 2013.
SCHEIN, E. *Career Anchors (Discovering Your Real Values)*. São Francisco: Jossey-Bass Pfeiffer, 1990.
SLAUGHTER, A. M., *Unfinished Business: Women, Men, Work, Family*. Londres: Random House, 2015.
STONE, D.; PATTON, B.; HEEN, S. *Difficult Conversations: How To Discuss What Really Matters*. Londres: Penguin, 2011.
SYED, M. *Bounce: How Champions Are Made*. Londres: Fourth Estate, 2010.
WEBB, L. *Resilience: How To Cope When Everything Around You Keeps Changing*. Chichester: John Wiley And Sons, 2013.
WHITTELL, G. *Spitfire Women Of World War II*. Londres: Harpercollins, 2008.
WITTENBERG-COX, A. *Stop Trying To Fix Women*. *Talent Quarterly*, v. 1 (3), P. 1, 2014.
WOMAN AND HOME MAGAZINE. "Helen Mirren: I'm Still Learning Lessons In Life", Out. 2015.
______. "Nicola Benedetti: My Best Advice Ever", Out. 2015.
Yousafzai, M.; Lamb, C. *I Am Malala: The Girl Who Stood Up For Education and Was Shot by the Taliban*. Londres: Weidenfeld & Nicolson Ltd, 2013.